NOTICE HISTORIQUE

SUR

LES RITES DE L'ÉGLISE DE PARIS

PAR UN PRÊTRE DU DIOCÈSE.

PARIS.
LIBRAIRIE D'ADRIEN LE CLERE ET Cie,

IMPRIMEURS DE N. S. PÈRE LE PAPE ET DE MONSEIGNEUR L'ARCHEVÊQUE,
RUE CASSETTE, 29, PRÈS SAINT-SULPICE.
—
1846.

NOTICE HISTORIQUE

LES RITES DE L'ÉGLISE DE PARIS

PAR UN PRÊTRE DU DIOCÈSE.

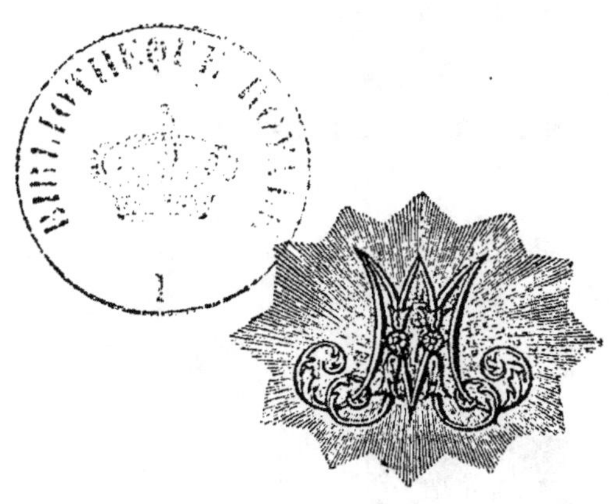

PARIS.

LIBRAIRIE D'ADRIEN LE CLERE ET Cⁱᵉ,

IMPRIMEURS DE N. S. PÈRE LE PAPE ET DE MONSEIGNEUR L'ARCHEVÊQUE,

RUE CASSETTE, 29, PRÈS SAINT-SULPICE.

1846.

Contraste insuffisant
NF Z 43-120-14

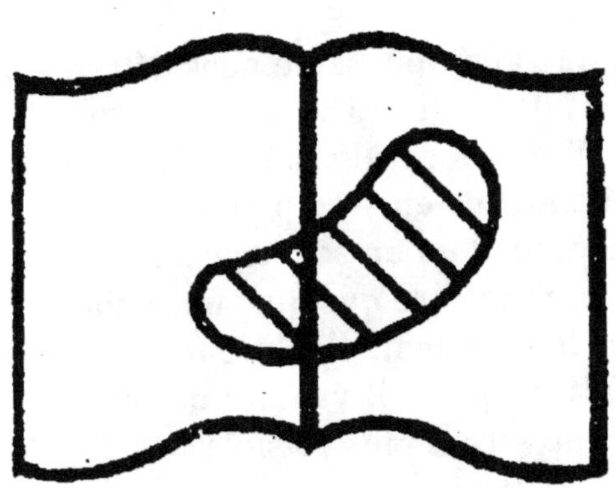

Illisibilité partielle

Cette *Notice* devait faire partie du *Manuel des Cérémonies selon le rite de Paris*, et lui servir d'introduction. Mais, à la suite de recherches multipliées, la matière s'étant étendue au-delà des limites d'une Préface, l'auteur a suivi le conseil de personnes judicieuses, et la publie à part.

Les rites anciens dont il donne une exposition assez circonstanciée, étaient communs non-seulement à la province de Sens, dont le diocèse de Paris faisait alors partie, mais encore, avec quelques modifications, à un très-grand nombre d'églises de France. Bien des personnes, qui voient pratiquer, dans la capitale, des cérémonies inusitées ailleurs, s'imaginent qu'on a innové à Paris. Le résumé qu'on va lire servira à les détromper ; et nous avons lieu d'espérer qu'elles voudront bien admettre, qu'ayant reçu de nos pères ces usages antiques, nous devons tenir à conserver la portion qui nous en est restée.

Une considération puissante nous détermine encore à publier ce travail. Les livres où sont contenus les rites décrits dans cette *Notice*, sont disséminés dans quelques bibliothèques publiques, et en fort petit nombre ; il en est même dont on ne connaît qu'un seul exemplaire : que si le hasard fait qu'on en rencontre quelque autre chez les libraires, les curieux se le disputent, l'enlèvent aussitôt, souvent pour les pays étrangers ; et il viendra un temps où de pareilles recherches ne seront plus possibles.

Au reste, l'auteur doit avertir qu'il n'a pas songé à entamer une polémique ; il s'est borné à retracer les faits, et à exposer d'anciens usages ecclésiastiques avec les prières qui les accompagnaient, sans vouloir leur attribuer la prééminence sur d'autres coutumes aussi anciennes et aussi respectables.

TABLE.

FIN DE LA TABLE.

NOTICE HISTORIQUE

LES RITES DE L'ÉGLISE DE PARIS.

Les savants s'accordent à reconnaître que l'Eglise de France a eu autrefois ses rites et sa liturgie propres ; elle les avait reçus de l'Orient, par le moyen des hommes apostoliques venus de ces contrées lointaines pour lui annoncer l'Evangile. Le petit nombre de monuments qui nous en restent, montre que ces rites et les prières qui les accompagnaient, différaient beaucoup de la liturgie de Rome (1). Comme il s'était introduit, par le laps du temps, une grande variété à cet égard dans les diverses Eglises (2), les rois Pepin et Charlemagne, au huitième siècle, établirent en France, dans la célébration des divins Offices, les usages et le chant Romain (a).

Néanmoins la plupart de nos Eglises, attachées à leurs anciennes coutumes, tout en adoptant les livres Romains, y firent bientôt des additions et des changements pour les approprier à leurs usages particuliers. On voit, par les écrits d'Agobard de Lyon et d'Amalaire de Metz (b), que ces corrections avaient commencé à s'exécuter dès le temps de Louis-le-Débonnaire. Les âges suivants amenèrent d'autres changements ; et nos Eglises continuèrent d'user de la liberté qu'elles avaient eue auparavant, de retrancher, d'ajouter, de corriger dans leurs livres ce qu'elles trouvaient à propos (c).

Benoît XIV nous fournit la preuve qu'au onzième siècle les Eglises de France possédaient une liturgie particulière. Ce savant Pontife rapporte, que les Princes Normands ayant, vers le milieu

---

(1) Cette Note et les suivantes sont renvoyées à la fin.

(a) Longueval, *Hist. de l'Eglise Gallic.* liv. xii, an 758, 787; liv. xiv, an 830. —Bocquillot, *Traité hist. de la Liturgie,* liv. i, ch. x.

(b) Agobard. *De correct. Antiph.* — Amalar. *Prolog. de ordine Antiph.*

(c) Bocquillot, déjà cité.

de ce siècle, chassé les Sarrasins de la Sicile, s'y établirent à leur
place, et qu'ils abolirent le rite Grec observé dans cette île, pour
y substituer celui de l'Eglise de France. Ils appelèrent à cet effet
de leur patrie des Evêques et des Prêtres. On a encore le Bréviaire *Gallo-Siculum*, corrigé par Matthieu Caldi, et imprimé à
Venise en 1527 (3).

Le but de cette Notice n'est pas de rechercher ce qui existait
à Paris à une époque si reculée. Nous savons seulement que l'ancien Bréviaire de cette Eglise, écrit sur vélin, et il en était de même
du Missel, se gardait à l'église cathédrale (4). Les Prêtres qui
en avaient besoin le copiaient sur cet original ; et il se conservait
ainsi sans altération. « Le Psautier était répandu dans les sept
» jours de la semaine, et les Leçons de l'Ecriture étaient distri-
» buées pour tous les jours de l'année : il n'y avait point d'Hym-
» nes, et on n'y a introduit des Versets et des Répons que de
» temps en temps. Il était tel qu'il est resté depuis le Mercredi-
» saint jusqu'au Dimanche de Quasimodo ; c'est l'ancienne forme
» de cet Office, auquel on n'a rien changé (a). »

Mon travail a pour objet propre de faire connaître les ritespra-
tiqués dans l'Eglise de Paris à la fin du quinzième siècle, en indiquant d'abord les livres qui les contiennent, la part que les Evêques
eurent à la publication de ces livres ; puis en exposant les rites de
la Messe, ceux de l'Office divin et des Sacrements. J'explique ensuite les modifications qu'ils ont subies depuis le commencement
du dix-septième siècle ; enfin je parle des Cérémoniaux, auxquels
les changements opérés dans les rites ont donné naissance.

ARTICLE PREMIER.

Des livres liturgiques de Paris, et de leur publication au quinzième siècle.

Ce fut sous l'épiscopat de Louis de Beaumont, prélat d'une vie
austère, charitable envers les pauvres, assidu aux Offices de son
église (5), qu'on imprima pour la première fois le Bréviaire,
en 1479, un vol. in-8° presque carré ; et le Missel en 1481,
in-fol. (6). Une autre édition du Bréviaire fut publiée en 1492,
un vol. in-fol. à la tête duquel on lit pour titre : *Breviarium
magnum ad usum Parisiensem* (7). Le soin de revoir ces livres et
d'en diriger l'impression fut confié à Jean Le Munérat (8), licencié

(a) *Lib. de Ritibus*, II part. cap. XVI. — Grancolas, *Comment. sur le Brév.
Rom.* tom. I, pag. 61.

de la maison de Navarre, qui revit aussi le Martyrologe, imprimé
en 1490, et il le dédia au pieux Evèque. Ces livres sont d'une
belle exécution typographique ; souvent les Préfaces, le Canon,
et quelquefois l'ouvrage entier, sont imprimés sur vélin, avec des
lettres capitales rehaussées d'or et de couleurs. Mais on ne se
bornait point au matériel ; on y insérait des instructions pour les
Prêtres qui devaient en faire usage. Ainsi, à la tête du Missel
de 1491, et des suivants jusqu'en 1559, on lit un *Speculum Sacerdotum* (a), contenant en une seule page le sommaire de ce que le
Prêtre doit faire avant, pendant et après la Messe. Le livre est
terminé par ces conseils, *De vita humana bene instituenda*, qui,
dans leur simplicité, ne laissent pas de porter à de salutaires réflexions.

> Mane Deo vitam commendet vir bonus omnem ;
>   Prædicet et laudes gratus ubique Deo.
> Nocte memor culpæ, relegensque errata diurna,
>   Pœniteat ; veniam postulet ; inde cubet.

Quoique le Bréviaire et le Missel aient eu plusieurs éditions sous
les successeurs de Louis de Beaumont, Jean Simon et les deux
Poncher (Etienne et François), il ne paraît pas que ces Prélats
soient intervenus dans ces réimpressions. Jean du Bellay, qui
succéda à François de Poncher, fit revoir le Missel, en 1539, par
des docteurs en théologie, députés par lui et par le Chapitre ; et
cette édition, ainsi revue, servit de modèle pour les suivantes. Il
corrigea aussi le Bréviaire en 1543, sans pour cela rien changer
au fond, et en conservant l'ancien rite dans son entier. Le Rituel, intitulé *Manuale Sacerdotum*, fut imprimé en 1497, sous
l'épiscopat de Jean Simon, en un vol. in-4°. Etienne de Poncher le fit réimprimer en 1504. Eustache du Bellay le revit et y
fit des additions en 1552.

Cependant le Concile de Trente, repris en 1551, avait été sollicité d'opérer une réforme dans la liturgie. Pie IV, sous qui fut
continuée cette sainte assemblée, et qui eut la gloire de la termi-
ner, fit remettre aux Pères les matériaux préparés sous Paul IV,
son prédécesseur. Une commission fut nommée pour faire le travail ; mais comme il fallait un très-long temps pour le mener à fin,
le Concile, dans sa dernière session, renvoya l'affaire au saint-

---

(a) Ce *Speculum* se lit encore aujourd'hui dans le Missel des Chartreux.

siége. Le saint Pape Pie V, qui succéda à Pie IV en 1566, entreprit cette grande œuvre, et promulgua le Bréviaire réformé (9), par sa bulle *Quod a nobis*, du 9 juillet 1568. Deux ans après, il publia le Missel, par la bulle *Quo primum tempore*, du 14 juillet 1570; en assignant l'époque à laquelle toutes les églises qui suivaient le rite Romain devraient se servir des livres réformés. Toutefois il permet aux Eglises qui possèdent depuis deux siècles un Bréviaire et un Missel particuliers, de conserver leurs livres et leurs usages.

L'Eglise de Paris avait cette possession légitime; aussi ne fut-il question à cette époque, d'aucun changement dans ce qui existait. Mais en 1583, Pierre de Gondy, évêque depuis 1570, fut vivement sollicité d'adopter le Bréviaire Romain, que le roi Henri III venait d'introduire dans sa chapelle. Ayant fait proposer l'affaire au Chapitre avec de grandes instances, ce corps vénérable voulut maintenir les rites de l'Eglise de Paris, à cause de leur antiquité, avec d'autant plus de raison que la Décrétale de Pie V l'autorisait à agir ainsi (10). Il se contenta donc de nommer le Chantre de la cathédrale et un Chanoine, qui devaient s'entendre avec le Grand-Vicaire de l'Evêque alors absent, pour corriger le Bréviaire. L'édition parut en 1584, sous ce titre : *Breviarium insignis Ecclesiæ Parisiensis restitutum ac emendatum*, deux vol. in-8°; et on lit à la tête un mandement du Prélat. On y a conservé les rites anciens propres à Paris, quoique, pour un assez grand nombre de Leçons, on ait suivi le Bréviaire Romain de1568. Le Missel fut publié en 1585; et les rites du diocèse y furent maintenus dans leur entier. Le Pontife, dans son Mandement, dit « qu'après la correction du Bréviaire, celle du Missel » est devenue si facile, que ce n'a été guère qu'un travail de » transcription; que les additions qu'il a faites pour remplir les » vœux des Prêtres et des fidèles et pour aider leur piété, sont » des Messes votives, des Oraisons et des Collectes en plus grand » nombre, en égard aux différents besoins des hommes, et quel- » ques Proses. » On avait abandonné, dans l'impression du Bréviaire, le caractère gothique pour se servir du romain; il en fut de même pour le Missel, dans lequel aussi on rangea en meilleur ordre les parties qui le composent. Ce Missel est le dernier qui contienne les anciens rites de l'Eglise de Paris. Les Rubriques *De Defectibus* sont calquées sur celles du Missel Ro-

main. Pierre de Gondy donna aussi, en 1574 et 1581, des éditions du *Manuale Sacerdotum;* et il fut nécessaire de faire quelques
changements dans les instructions écrites en français, à mesure
que la langue se perfectionnait, et que les mœurs devenaient plus
polies.

ARTICLE II.

Des Rites de l'Eglise de Paris.

I. Du Missel, et des Rites du saint Sacrifice.

On vient de voir que les premiers livres liturgiques furent imprimés à Paris vers la fin du quinzième siècle. La comparaison que
j'ai faite de ces livres avec les manuscrits du siècle précédent,
m'a montré qu'en les imprimant on conserva les rites dans leur
intégrité ; et par la confrontation des Missels imprimés depuis
1481 jusqu'en 1585, je me suis assuré qu'ils n'ont subi, dans cet
intervalle, aucune altération notable.

Il ne faut pas s'attendre à trouver, dans les premiers Missels,
des Rubriques rédigées avec l'ordre et la précision qu'on a tâché
d'y mettre dans la suite. Le Missel de 1481 et ceux qu'on imprima jusqu'à la fin du quinzième siècle ne contiennent qu'un
petit nombre de Rubriques *de Defectibus.* Les autres Rubriques,
ainsi que les rites de la Messe, sont disséminés dans l'Ordinaire
et dans le Canon. Mais ces règles sont précédées d'avis pieux et
solides, que les Prêtres ne sauraient trop méditer. En voici un
extrait :

Sacerdos celebraturus priùs apud se penset quæ sit celebrandi intentio, ut
non propter vanam gloriam, lucrum, consuetudinem, aut verecundiam celebret.
Sed intendat præcipuè latriam Domini colere, mortem Christi seu Passionem
recolere, Ecclesiam totam ejusque membra... juvare. Intendat denique... se
consecuturum peccatorum remissionem, augmentum divinæ dilectionis, suæque
tandem assecutionem æternæ salvationis. At verò, ut prædictum finem seu fines
consequatur, apud se considerare debet hujus mysterii veritatem ; videlicet,
quid et quis recipit : *Quid,* considerando rei dignitatem, magnificentiam, im-
mensam majestatem, atque ineffabilem clementiam... Denique consideret *quis*
sit ipse qui sumere debet, quia creatura humana et rationalis, spiritualium om-
niumque quantò infimior et infirmior, tantò indignior. Sic igitur consideratio
nostræ parvitatis ad timorem et reverentiam respectu tantæ majestatis inclina-
bit. Nam si ipsius clementiam, bonitatem et sanctitatem attendamus; quo major
est dignatio sua, quàm indignitas nostra, eo ipso respectu tantæ bonitatis in
amorem et devotionem simul accendemur ; ut et ibi simul sit cum fiducia timor
non servilis, sed cum humilitate amor filialis. Sicque in spem misericordiæ

consequendæ erigemur ; ut ab ipso auxilium securè postulemus, qui dixit : Pe-
tite, et accipietis ; quærite, et invenietis. Quod maximè nobis in hac oblatione
assequi credendum est, in qua Sacerdos pro se et aliis veniam et gratiam de-
sursum postulat. Sed quoniam orantis non est satis divinum affectare subsi-
dium, nisi proprium priùs recognoscat defectum et delictum ; ideo Missam,
quæ est orationum præcipua, debet præcedere de omissis et commissis generalis
confessio, contritio, atque (saltem in proposito) satisfactio. Unde noverit Sacerdos, quod si cum conscientia certa vel probabili peccati mortalis Missam celebret, triplex ad minus mortale peccatum incurrit : primum, quod indignus præsumit accedere : secundum, quia indignus præsumit sacra tractare, sacramque
hostiam conficere : tertium, quia corpus Christi et sanguinem indignè, et ad ju-
dicium sibi non formidat accipere.

Dans le Missel de 1504 et dans les suivants, on trouve, avant
le Canon, des Rubriques un peu plus étendues, sous le titre de
Cautelæ Missæ, dans lesquelles, après avoir inculqué les sentiments de piété dont le Célébrant doit être pénétré en offrant le
saint sacrifice, on lui trace des règles pratiques, afin qu'il évite
la précipitation, la longueur, et les autres défauts que l'on con-
tracte insensiblement. Elles peuvent encore avoir aujourd'hui
leur utilité.

Sacerdos Missam celebraturus conscientiam suam per puram confessionem
optimè præparet, sacramentum vehementer desideret... Gestus valdè compositos
ac devotos habeat. Cùm enim quilibet teneatur Deum diligere ex toto corde, ex
tota anima, ex totis viribus suis ; hic Deum diligere non probatur, qui in
mensa altaris, ubi Rex regum et Dominus omnium tractatur et sumitur, irreli-
giosus, indevotus, impudicus, distractus, vagus aut desidiosus apparuerit. Atten-
dat igitur unusquisque Sacerdotum, quod ad mensam magnam sedeat. Cogitet
qualiter cum præparari oporteat... Intellectum signis et verbis coaptet ; quoniam
magna latent in signis, majora in verbis, maxima in intentione... Signa faciat
directè, non obliquè ; altè satis, ne calicem evertat ; non circulos pro crucibus...
Quamvis autem Missa devotissimè sit celebranda, contemplationis causâ, est
tamen modus habendus ; ne protractione nimiâ vel acceleratione fiat homo nota-
bilis. Nam acceleratio signum est incuriæ ; protractio est occasio distractionis.
Sed medio tutissimus ibit. Eo autem affectu est quælibet Missa habenda, et
dicenda a quocumque Sacerdote, quasi primo dicatur, et nunquam ampliùs sit
dicenda : tam magnum enim donum semper debet esse novum.

Venons maintenant au détail des rites.

Le Prêtre ayant récité l'Oraison *Actiones nostras.... aspirando
præveni*, etc. se lave les mains en disant : *Ampliùs lava me ab
iniquitate mea, et a peccato meo munda me*, et le reste du Psaume
jusqu'à la fin.

Puis, l'autel étant découvert et préparé, il met le pain sur la
patène, ensuite du vin et de l'eau dans le calice, s'il le veut,

mais au moins avant l'Evangile ; et il dit alors, en versant le vin : *De latere Domini nostri Jesu Christi exivit sanguis et aqua Baptismatis in remissionem peccatorum.* En mettant l'eau : *Commixtio vini et aquæ pariter fiat in nomine Patris,* etc. *Amen.*

Il prend ensuite l'amict en disant : *Pone, Domine, galeam salutis in capite meo, ad expugnandas diabolicas fraudes ; in nomine Patris,* etc.

En revêtant l'aube : *Indue me, Domine, vestimento salutis, et tunicâ justitiæ circumda me semper (a).*

En se ceignant : *Præcinge, Domine, cingulo fidei, et virtute castitatis lumbos cordis et corporis mei.*

En prenant le manipule : *Venientes autem venient cum exultatione portantes manipulos suos (b).*

En mettant l'étole sur le cou, et la croisant devant la poitrine : *Indue me, Domine, stolâ gloriæ : jocunditatem et exultationem thesauriza super me.*

Ensuite, les cierges ayant été allumés, le Prêtre prend des deux mains la chasuble, et debout devant l'autel il s'en revêt en disant : *Indue me, Domine, veste nuptiali.*

Enfin il commence l'Antienne, *Et introibo ad altare Dei,* suivie du Psaume *Judica me ;* puis il répète l'Antienne, et ajoute : *Kyrie, eleison, Christe, eleison, Kyrie, eleison. Pater noster,* etc. *Et ne nos,* etc. *Confitemini Domino quoniam bonus :* ℞. *Quoniam in seculum misericordia ejus.*

Et ego reus et indignus Sacerdos

Confiteor Deo omnipotenti, et beatæ Mariæ Virgini, et omnibus Sanctis, et vobis fratres : quia ego miser peccator peccavi nimis cogitando, loquendo, operando, negligendo, omittendo, cum excommunicatis participando, et in cunctis viciis meis malis : meâ culpâ, meâ culpâ, meâ gravissimâ culpâ. Ideo precor te, gloriosissima Virgo Maria, et vos omnes Sancti et Sanctæ Dei, et vos fratres, ut oretis pro me ad Dominum Deum nostrum omnipotentem, et ipse misereatur mei.

Les Clercs assistants répondent :

Misereatur vestri omnipotens Deus, et dimittat vobis omnia peccata vestra, et perducat vos Filius Dei ad vitam æternam. Amen.

(a) Dans le Missel de 1585, on a mis des Psaumes et des Oraisons pour la préparation. A la fin de cette prière et des suivantes, on marque *In nomine Patris,* etc. ce qui n'est pas dans les Missels antérieurs.

(b) En 1585, on donne l'option entre ces paroles et la prière actuelle *Mereatur,* etc.

Ensuite ils récitent le *Confiteor;* après lequel le Prêtre dit :

Amen, fratres. Per gratiam sancti Spiritûs Paraclyti, et per intercessionem beatæ gloriosæ semperque virginis Mariæ, et per merita beatorum Apostolorum Petri et Pauli, et omnium Sanctorum et Sanctarum, misereatur vestri omnipotens Deus, et dimittat vobis omnia peccata vestra; liberet vos ab omni malo, conservet et confirmet in omni opere bono : et perducat vos Christus Filius Dei ad vitam æternam. ℟. Amen.

Absolutionem et remissionem omnium peccatorum vestrorum, spacium veræ pœnitentiæ, et emendationem vitæ, gratiam et consolationem sancti Spiritûs, cor contritum et verè pœnitens, munditiam mentis et corporis, perseverantiam in bonis operibus, vitam bonam, et exitum beatum tribuat vobis omnipotens et misericors Dominus. ℟. Amen.

Deus, tu conversus, etc.

Ostende nobis, etc.

Sacerdotes tui induantur justitiam : ℟. Et Sancti tui exultent.

Ab occultis meis munda me, Domine : ℟. Et ab alienis parce servo tuo.

Domine exaudi... Dominus vobiscum.

Il s'approche de l'autel en disant : *Aufer a nobis,* etc. et élevant les mains il dit cette autre Oraison :

Conscientias nostras, quæsumus Domine, visitando purifica; ut veniens Jesus Christus Filius tuus Dominus noster, cum omnibus Sanctis, paratam sibi in nobis inveniat mansionem : Qui tecum vivit, etc.

Alors il baise l'autel ; puis il ouvre le livre, et regardant l'endroit où est l'image du crucifix il dit :

Adoramus te, et benedicimus tibi, quia per crucem tuam redemisti mundum. ℣. Omnis terra adoret te, Deus, et psallat tibi : psalmum dicat nomini tuo.

Oremus. Perpetuâ, quæsumus Domine, pace custodi, quos per lignum sanctæ crucis redimere dignatus es, Salvator mundi : Qui cum Deo Patre et Spiritu sancto vivis, etc.

Il baise les pieds du crucifix ; et après il dit : *Adjutorium nostrum,* etc. *Sit nomen Domini benedictum,* etc. (a).

Ensuite il lit l'Introït, et le reste dans l'ordre marqué.

Avant l'Evangile, quand il faut bénir l'encens, le Clerc dit : *Benedicite.* Le Prêtre :

Dominus : ab illo sanctificeris in cujus honore cremaris. In nomine Patris, etc.

A la bénédiction pour l'Evangile, le Diacre dit : *Jube, Domine, benedicere.* Le Prêtre :

Dominus sit in corde tuo et in labiis tuis ad pronunciandum sanctum Evangelium pacis. In nomine Patris, etc.

(a) En 1585 on ajoute, *In nomine Patris,* etc.

Après qu'il a lu l'Offertoire, le Prêtre dit, les mains jointes :

Quid retribuam Domino pro omnibus quæ retribuit mihi ?

Et tenant le calice il ajoute :

Calicem salutaris accipiam, et nomen Domini invocabo.

Alors, élevant des deux mains le calice avec la patène et l'hostie, au-dessus du corporal, il dit :

Suscipe sancta Trinitas, hanc oblationem quam tibi offerimus in memoriam Incarnationis, Nativitatis, Passionis, Resurrectionis, et Ascensionis Domini nostri Jesu Christi ; necnon et adventûs Spiritûs sancti Paraclyti : et in commendationem beatæ et gloriosæ semperque virginis Dei genitricis Mariæ, et in honorem omnium Sanctorum qui tibi placuerunt ab origine mundi : ut illis proficiat ad honorem, nobis autem ad salutem, et ut illi omnes pro nobis intercedere dignentur in cœlis, quorum memoriam agimus in terris. Per eumdem Christum, etc.

Ayant déposé la patène, mis l'hostie devant le pied du calice, et couvert le calice avec le corporal, il dit, les mains jointes :

Veni, ineffabilis sanctificator, et sanctifica hoc sacrificium in tuo nomine præparatum. In nomine Patris, etc.

A l'Offrande du peuple (11), il dit :

Centuplum accipietis, et vitam æternam possidebitis.

Il se lave les mains en disant : *Lavabo inter innocentes*, etc. Après quoi, au milieu de l'autel, ayant la tête et le corps inclinés, et les mains jointes, il dit :

In spiritu humilitatis... et sic fiat sacrificium nostrum, ut a te suscipiatur hodie, et placeat tibi, Domine Deus.

S'étant redressé, il baise l'autel du côté droit, et la face tournée vers le peuple, il dit :

Orate pro me, fratres et sorores, et ego pro vobis : ut meum pariter et vestrum in conspectu Domini sit acceptum sacrificium.

Puis, tourné vers l'autel, il dit les Secrètes ; ensuite la Préface (12) et le *Sanctus*.

Voici ce qu'il y a de particulier dans le Canon (13).

En commençant, le Prêtre incline la tête, sans lever les yeux, à *Te igitur*. Après *accepta habeas*, s'étant redressé, il baise l'autel du côté droit, en disant, *et benedicas* ; puis il fait les trois signes de croix à *hæc dona*, etc. Au *Memento* des vivants, après *circumstantium*, il ajoute, *atque omnium fidelium Christianorum*. Avant le *Communicantes*, il fléchit un peu les genoux. Après l'élévation de l'hostie, on ne marque pas de génuflexion. Le Prêtre élève le calice en disant : *Hæc quotiescumque feceritis*, sans mention de génuflexion. Lorsqu'il a posé le calice sur l'autel, il étend les bras, pour faire quasi une croix de lui-même, et il dit en même temps, *Unde et memores*, etc. Il tient ainsi les bras jusqu'à *et datis*, et il les retire alors vers lui pour faire les signes de croix marqués. En disant, *Supra quæ propitio*, etc. il pose les mains sur tout le sacrifice, c'est-à-dire sur l'hostie et le calice, et élève les yeux. Il s'incline ensuite devant l'autel, ayant les mains sur la poitrine, et faisant d'elles comme une croix, pour dire *Supplices te rogamus*, etc. Au *Nobis quoque peccatoribus*, il se frappe la poitrine ou une ou trois fois. Après les signes de croix, il montre l'hostie au peuple de la seule main droite, couvre le calice, et dit, ayant les mains étendues : *Per omnia secula*, et ce qui suit jusqu'à *in tentationem*.

Prenant alors la patène entre l'index et le doigt du milieu, il l'élève en disant *Amen. Libera nos*, etc. Il touche avec la patène le pied du calice, en disant *Petro*; le milieu, au mot *Paulo*; le dessus du calice, à *et Andrea*; sa bouche à *cum omnibus Sanctis*; et il se signe les yeux en disant *Da propitius*, etc. Après la fraction de l'hostie, qui se fait à l'ordinaire en disant *Per cumdem*, etc. il fait trois signes de croix avec la parcelle, en disant *Pax Domini*; mais il ne la met pas dans le calice. Il paraît bien qu'il devait la tenir entre ses doigts pendant les trois *Agnus Dei*; car il n'est pas dit qu'il se frappe la poitrine en les prononçant. C'est après qu'il les a récités, qu'il met la parcelle dans le calice, en disant :

Hæc sacrosancta commixtio corporis et sanguinis Domini nostri Jesu Christi, fiat mihi, et omnibus sumentibus, salus mentis et corporis, et ad vitam æternam capessendam præparatio salutaris. Per Christum, etc.

Ensuite, ayant baisé le corps de Notre-Seigneur, il donne le baiser de paix (excepté à la Messe des défunts) en disant :

Pax tibi, frater, et Ecclesiæ sanctæ Dei.

Il n'y a que deux Oraisons avant la communion ; la première est ainsi conçue :

Domine sancte, Pater omnipotens, æterne Deus , da mihi hoc sacrum corpus et sanguinem Filii tui Domini nostri Jesu Christi ita dignè sumere, ut merear per hoc remissionem omnium peccatorum meorum accipere, et a tuo sancto Spiritu repleri et custodiri. Qui vivis, etc.

La deuxième est, *Domine Jesu Christe Fili Dei vivi*, qui se dit encore aujourd'hui.

En prenant l'hostie pour se communier, il dit :

Corpus Domini nostri Jesu Christi custodiat me, et perducat ad vitam æternam. Amen.

En prenant le calice :

Corpus et sanguis Domini nostri Jesu Christi custodiat me, et perducat ad vitam æternam. Amen.

Le Prêtre dit de suite, en se lavant les doigts sur le calice :

Quod ore sumpsimus, Domine, purá mente capiamus, et de hoc munere temporali fiat nobis remedium in vitam æternam. Amen.

Puis il dit l'Oraison *Agimus tibi gratias, omnipotens Deus*, etc. le Cantique *Nunc dimittis* tout entier ; ensuite l'Antienne de la Communion et la Postcommunion.

Après *Ite Missa est* ou *Benedicamus Domino ;* ou bien, pour les défunts, *Requiescant in pace*, il dit : *Adjutorium nostrum*, etc... *Sit nomen Domini benedictum*, etc. et il donne la bénédiction avec la patène, en disant : *Benedicat vos*, etc. Prosterné devant l'autel, il récite la prière *Placeat tibi sancta Trinitas*, un peu différente de celle de nos Missels ; et en quittant la chasuble, il dit, *Dominus vobiscum*, et récite l'Evangile *In principio* (14).

L'Evangile achevé, le Prêtre dit :

Te invocamus, te adoramus, te laudamus, te glorificamus, ô beata Trinitas.

℣. Sit nomen Domini benedictum ; ℟. Ex hoc nunc, etc.

puis l'Oraison, *Protector in te sperantium*, qui est la Collecte du IIIe Dimanche après la Pentecôte : ou bien il peut dire d'autres Oraisons à dévotion. A la fin il ajoute :

Dominus vobiscum... Benedicamus Domino... Benedicite : Dominus. A subitanea et improvisa morte, et a damnatione perpetua liberet vos Pater, et Filius et Spiritus sanctus. Amen.

Pour action de grâces il dit tout bas le Cantique *Benedicite* avec l'Antienne, et diverses Oraisons à dévotion.

Dans le Propre du temps, je remarque ces particularités :

Le premier Dimanche de l'Avent, on lit l'Evangile, *Cùm appropinquassent* (15) de saint Matthieu, ch. xxi ; et l'Evangile *Erunt signa*, etc. se lit au deuxième. Les quatre Dimanches ont chacun une Prose propre. Au Samedi des Quatre-Temps, le Cantique *Benedicite* fait partie de la cinquième Leçon tirée de Daniel.

A la Vigile et aux trois Messes de Noël, il y a une Prophétie avant l'Epître, une Prose différente à chaque Messe ; et les Laudes font, comme à présent, partie de la Messe de minuit. A la fin de la Messe du jour on récitait l'Evangile *Pastores*. Le Dimanche dans l'Octave a une Prose propre.

Au Mercredi des Cendres, les sept Psaumes avec les versets et les Oraisons, puis l'Absoute comme aujourd'hui ; ensuite la bénédiction des cendres, sur lesquelles le Célébrant jette seulement de l'eau bénite.

La Préface du Carême n'est marquée que pour les féries. Les Dimanches on dit la Préface commune.

Le Dimanche des Rameaux, la bénédiction des rameaux se fait sans encensement. La Passion est marquée pour être chantée à trois. A ces mots, *emisit spiritum*, il y a seulement *Prostratio*, sans dire qu'on baise la terre. Néanmoins il est vraisemblable que cet usage existait à Paris, puisque nous le trouvons dans le Missel de 1615, qui porte : *Hic deosculatur terra, et pausatur aliquantulum*.

Le Jeudi-saint, on psalmodie les sept Psaumes et on fait l'Absoute. On dit *Gloria Patri* à l'Introït ; mais le *Gloria in excelsis* et le *Credo* ne se chantent qu'à la Messe où se fait le saint chrême. Les Vêpres font partie de la Messe ; et après l'*Ite Missa est* ou le *Benedicamus*, et la bénédiction, on porte le corps de Notre-Seigneur au tombeau avec les luminaires et l'encens. Le lavement des autels, la cène et le lavement des pieds se font dans l'après-midi comme aujourd'hui.

Le Vendredi-saint, dans les Monitions et Oraisons qui suivent la Passion, il n'y en a point pour l'Evêque (16) ; mais il y a l'une et l'autre pour le Roi. A l'adoration de la croix, deux Prêtres, pieds nus, et revêtus de chapes brunes (*fuscis*) chantent les trois *impropères*, les mêmes qu'à présent ; deux Prêtres en chapes de soie chantent *Agios*, et le Chœur *Sanctus*. L'Antienne *Ecce lignum* se termine du sixième ton (17). A la Messe des Présanctifiés, le Célébrant montre l'hostie au peuple pendant le *Pater*, avant de dire *Panem nostrum*. On psalmodiait les Vêpres ; mais il paraît qu'on chantait les Antiennes ; car elles sont notées. Le Prêtre porte ensuite la croix *in secretarium* (18), en chantant l'Antienne, *O crux gloriosa*, etc. avec un verset et une Oraison.

Le Samedi-saint, le Prêtre étant à l'autel en chasuble, l'Office commence par la première Litanie, chantée par six Chanoines, trois Diacres et trois Sous-Diacres *sigillatim*; et le Chœur répète ce que chacun chante. Il n'est pas fait mention de la bénédiction du feu, ni des grains d'encens (19). La Litanie terminée, et toutes les lumières étant éteintes, excepté une seule pour allumer le cierge pascal; l'encens étant aussi préparé, le Diacre, en dalmatique, bénit ce cierge, en chantant *Exultet* sur un chant particulier au diocèse, qui s'est conservé jusqu'à nos jours. Ensuite on chante les quatre Leçons et les trois Traits, les mêmes qu'aujourd'hui (20). Après quoi on chante la seconde Litanie, pendant laquelle on va aux fonts. La bénédiction des fonts étant achevée, on revient en chantant la troisième Litanie; puis on chante la Messe et les Vêpres, sans *Gloria Patri* au Ps. *Judica*, ni au Ps. *Laudate*, ni à *Magnificat*.

Dans la semaine de Pâque, il y a une Prose propre à chaque jour. Le Dimanche de l'Octave, on marque la Messe de Pâque, avec mémoire du Dimanche et une Prose propre. La même Messe se lit à la suite avec une Epître propre, et la Prose *Victimæ*, qui ne commence qu'à la deuxième strophe *Agnus redemit oves*, pour ce qu'on appelait *Annotinum Paschæ* (21). L'Evangile de cette Messe est l'entretien de Notre-Seigneur avec Nicodème, au chap. III de saint Jean. La Messe *Quasi modò* se dit dans la semaine, mais sans Prose; et l'Evangile est divisé en deux parties, qu'on lit alternativement aux jours suivants, auxquels on a mis des Epîtres propres.

Aux Dimanches après Pâque, on marque la Prose *Victimæ* en commençant à la deuxième strophe, comme ci-dessus. Avant *Scimus Christum*, on lit cette strophe : *Credendum est magis soli Mariæ veraci, quàm Judæorum turbæ fallaci*, qui se trouvait aussi dans le Missel Romain, mais qui a été supprimée.

A la Vigile de la Pentecôte, on lit quatre Leçons ou Prophéties seulement.

Le jour de la Pentecôte, Tierce se chante solennellement. Il y a une Prose propre à ce jour, et une à chaque jour de l'Octave. Le Samedi des Quatre-Temps, on dit le *Gloria in excelsis* de suite après le *Kyrie*; et la Prose *Veni, sancte Spiritus*, après le dernier *Alleluia*.

A la fête de la Trinité, on a mis pour Epître le dernier verset du chap. XIII de la seconde aux Corinthiens; pour Evangile celui de Noël, *In principio erat Verbum*; et à la fin de la Messe, *Cùm venerit Paracletus*, du Dimanche après l'Ascension.

Pendant l'Octave du très-saint Sacrement, on divise la Prose en deux ou trois, pour en dire chaque jour une partie; mais le jour de la Fête, le Dimanche, et le jour de l'Octave on la dit tout entière.

Les Dimanches suivants sont appelés *post Trinitatem;* les Epîtres et les Evangiles ne se lisent pas dans le même ordre qu'on suit à présent, et qui est en général conforme au Romain. On ne dit point de Prose jusqu'à l'Avent, à la Messe du Dimanche.

Dans le cours du Missel, il y a, chaque semaine, des Epîtres et des Evangiles marqués pour le Mercredi et le Vendredi, et quelquefois pour d'autres jours, par exemple, dans la semaine de la Sexagésime.

La Dédicace termine le Propre du Temps ; il y a trois Proses ; *Jerusalem,* pour le jour de la Fête, plus longue que celle de nos Missels actuels, et un peu différente ; les deux autres pour les jours dans l'Octave. L'Evangile est, *Non est arbor bona, quæ facit fructus malos,* de saint Luc, ch. VI, ɣ. 43-48.

Viennent ensuite les Rubriques pour les jours où l'on doit dire le *Gloria in excelsis,* et le *Credo.* Pour le *Gloria in excelsis,* on suivait la règle de le dire quand on avait récité le *Te Deum* à Matines : mais on l'omettait aux fêtes des Saints pendant le temps de la Septuagésime et du Carême, excepté à celles de la sainte Vierge, du Patron, et de la Dédicace. On le disait aux Messes votives de la Trinité, du Saint-Esprit, du très-saint Sacrement, de la sainte Vierge, des Apôtres, et de tous les Saints, hormis depuis la Septuagésime jusqu'à Pâque ; on l'omettait le jour des Innocents. Quant au *Credo,* on le disait tous les Dimanches, même aux fêtes auxquelles on ne l'eût pas dit dans la semaine. Quoiqu'on le récitât aux fêtes des Apôtres, la Chaire de saint Pierre, saint Marc et saint Luc sont exceptés. On le disait encore aux Messes votives de la Trinité, et autres marquées ci-dessus, même en Carême. On l'omettait aux fêtes de saint Jean-Baptiste, de saint Michel, et des saints Martyrs, Confesseurs, etc. à moins qu'ils ne fussent Patrons.

On a placé à la suite les Rubriques de la Messe sous le titre de *Cautelæ;* puis l'Ordinaire, les Préfaces, et le Canon décrits ci-dessus. Au *Communicantes* de la Pentecôte, on dit *linguis igneis apparuit.*

Voici ce que j'ai trouvé de plus remarquable dans le Propre des Saints.

Les fêtes Doubles (*a*) et même plusieurs Semidoubles ont une Prose, souvent propre, ou bien on renvoie au Commun.

Le 28 Janvier, quoiqu'on ne fît pas l'Office du bienheureux Charlemagne, on en disait la Messe du rite double à Notre-Dame.

La Purification de la sainte Vierge a une Vigile, avec Messe propre, et mémoire de saint Ignace. A la bénédiction des cierges, on les asperge d'eau bénite, mais on ne les encense pas. A la Messe, on marque la Préface de Noël.

Saint Ambroise est au 4 Avril, et beaucoup d'autres Saints sont aussi à la place qu'ils occupent maintenant dans notre calendrier.

Il y a deux Messes pour la Nativité de saint Jean-Baptiste ; *Missa in manc*, à laquelle on dit à volonté la Prose du jour de l'Octave, différente de celle de la fête ; et *magna Missa*, à laquelle on fait mémoire des saints Agoard et Aglibert.

La Visitation de la sainte Vierge est au 27 Juin. Dans le calendrier du Bréviaire de 1500, il est marqué que c'est à Notre-Dame seulement, et que dans le diocèse cette Fête se fait le 2 juillet ; ce qui est confirmé par la Rubrique placée avant l'Office dans le Bréviaire.

Le jour de la Commémoration de saint Paul, on ne marque pas la mémoire de saint Pierre.

La Transfiguration de Notre-Seigneur est au 27 Juillet, avec cette note dans le calendrier, iij *Lect. quasi* ix ; cela donne à penser que la Messe était du rite Double ; aussi a-t-elle une Prose.

Le 6 août, la Rubrique porte que, le jour de saint Sixte, l'Église a coutume de célébrer avec du vin fait de fruits nouveaux, si l'on en peut trouver ; sinon, on renvoie au premier jour que l'on pourra en avoir. Suit une Oraison pour la bénédiction des fruits nouveaux, sur lesquels on jette de l'eau bénite ; et ensuite on en prend un ou trois grains dont on exprime le jus dans le calice, avec le vin et l'eau, selon la coutume.

L'Oraison de la fête de l'Assomption est, *Veneranda nobis*, la même qu'aujourd'hui. Il y a dans la Messe des Proses différentes pour chaque jour de l'Octave, pendant laquelle on ne faisait la fête d'aucun Saint. Ainsi saint Bernard est renvoyé au 26 Août (22) : ce qui a subsisté jusqu'en 1680.

Dans l'Octave de la Nativité de la sainte Vierge, on met une

(*a*) Voyez, sur le mot *Double*, la note (9) à la fin.

Messe différente à chaque jour, avec Prose propre. De même dans l'Octave de saint Denis ; mais on dit la Prose de la fête.

La Toussaint n'a point d'Octave. La Commémoration des Trépassés se célébrait même le Dimanche ; et la Rubrique porte qu'en ce cas on fait la bénédiction de l'eau en lieu secret. On ne disait point à la Messe la Prose *Dies iræ*.

Saint Marcel a une Octave, qui finit le 8.

Saint Martin se célèbre aussi avec Octave ; et il y a une Messe propre à chaque jour qui n'est pas occupé par quelque fête.

Les Messes votives sont rangées diversement dans les diverses éditions. Outre les Messes de la Trinité, des Anges, etc. qu'on assigne à chaque jour de la semaine, comme il a été dit (23), on y trouve les suivantes : des cinq Plaies de Notre-Seigneur, de la Robe sans couture, de la sainte Larme, de la Compassion de la sainte Vierge ou Notre-Dame de Pitié (24), de saint Joseph, de l'Archange saint Raphaël, de saint Claude, de saint Antoine, de sainte Barbe.

Une des plus touchantes est la Messe *pro semetipso Sacerdote*. Elle est remplie de sentiments de confiance en Dieu, de défiance de soi, et d'aveu de sa propre misère. C'est ce dernier sentiment surtout qu'expriment les Oraisons, qui sont fort longues ; il suffit de citer la Collecte :

Suppliciter te, Deus, Pater omnipotens, qui es creator omnium rerum, deprecor : ut dum me famulum tuum coram omnipotentia majestatis tuæ me graviter deliquisse confiteor ; manum misericordiæ tuæ mihi porrigas, quatenus dum hanc oblationem tuæ pietati pro peccatis meis offero ; quod nequiter commisi, tu clementissime digneris absolvere. Per Dominum.

Il n'y a, pour les défunts, que la seule Messe *Requiem æternam*, dans laquelle on a mis quatre Épîtres et six Évangiles différents ; et à la suite, des Oraisons selon la qualité et la diversité des personnes. La Prose *Dies iræ* ne s'y trouve pas. Elle est dans le Missel de 1585, à la suite des Oraisons pour les défunts, mais sans injonction de la dire. On l'a aussi insérée dans la Messe, en 1615, en laissant la liberté de l'omettre ; et depuis lors jusqu'à nos jours, elle n'était d'obligation qu'à la Messe du 2 Novembre.

A la fin, sont les *Kyrie* paraphrasés ou *farcis*, pour les solennités des mystères et de la sainte Vierge, et pour les fêtes des Saints. Voici un fragment de ceux qu'on chantait à l'Epiphanie et à la Pentecôte. Le chant a été conservé aux Doubles-majeurs ; « mais il faut

» avouer, dit l'abbé Poisson (a), qu'il perd toute sa beauté et
» toute sa noblesse en retranchant cette lettre intercalée. L'o-
» reille ne s'accommode guère d'entendre répéter *Kyrie e e e e*,
» au lieu qu'elle est contente de la mélodie avec la lettre. Il est
» aisé de le sentir par les trois exemples suivants :

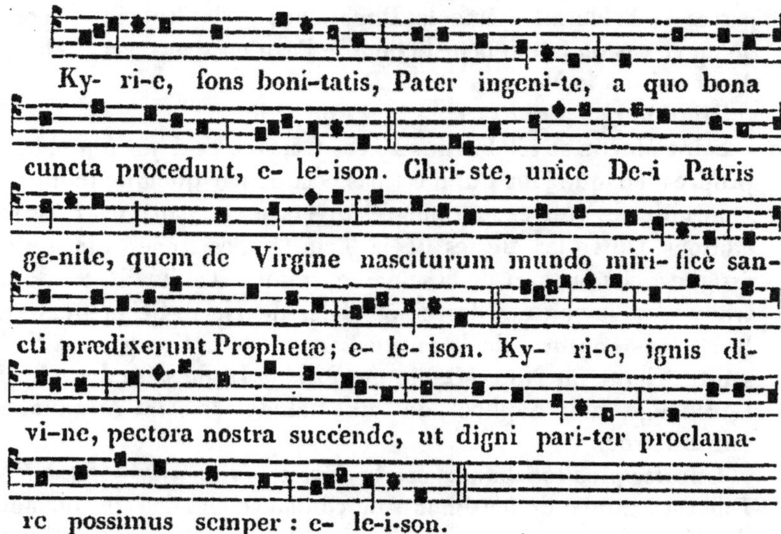

« Cet exemple, ajoute l'auteur cité, doit faire sentir que certaines
» pièces ne sont véritablement belles, qu'en les laissant dans leur
» premier état. Si on ne peut les conserver, il faut consentir à les
» perdre, comme on a fait à Sens et à Auxerre pour celle-ci. »

Il y a aussi, mais pour la sainte Vierge seulement, un *Gloria in
excelsis* farci, dans lequel on a fait ces intercalations :

Domine Fili unigenito, Spiritus et alme orphanorum Paraclyte. *Domine Deus,
Agnus Dei, Filius Patris,* primogenitus Mariæ Virginis matris..... *Suscipe de-
precationem nostram,* ad Mariæ gloriam..... *Quoniam tu solus Sanctus,* Mariam
sanctificans. *Tu solus Dominus,* Mariam gubernans. *Tu solus altissimus,*
Mariam coronans, *Jesu Christe.*

II. Du Bréviaire, et des rites de l'Office divin.

Après avoir exposé les rites de la Messe, et les modifications qui
y furent introduites dans les derniers siècles, il faut maintenant

(a) *Traité du Plain-Chant appelé Grégorien.* Paris, 1750, in-8°; pag. 254.

2

parler de l'Office divin. Après m'être assuré que le Bréviaire de 1479 était conforme aux manuscrits du siècle précédent, j'ai fait la comparaison de cette édition avec les suivantes jusqu'en 1557, la dernière où l'on ait laissé les anciens rites dans leur entier, et je n'y ai rencontré aucune différence notable (25).

Il est naturel de commencer cette exposition par le Psautier, quoiqu'il soit, dans plusieurs éditions du Bréviaire, placé au milieu du livre avec les Communs. La distribution n'en est pas tout-à-fait conforme à celle du Bréviaire Romain. Les différences proviennent de ce qu'à l'Office des Matines, on a employé presque tous les Psaumes jusqu'au 108ᵉ. Ainsi le 4ᵉ et le 5ᵉ font partie des Matines du Dimanche, quoique le 4ᵉ se dise tous les jours à Complies, et le 5ᵉ à Laudes du Lundi : de sorte qu'on a vingt Psaumes à réciter le Dimanche à cet Office. Il y en a dix-sept aux Matines du Vendredi ; les 89, 90, 91, 92 et 94ᵉ, sont de plus qu'au même jour dans le Romain (26). Les Psaumes 21, 22, 23, 24 et 25 se disent à Prime le Dimanche, quand on fait l'Office *de tempore*, depuis la Chandeleur jusqu'à Pâque, et depuis la Trinité jusqu'à l'Avent. Dans le reste de l'année et aux fêtes, on dit les Psaumes ordinaires, *Deus in nomine tuo*, *Beati immaculati*, etc.

A Prime, après les Psaumes, il n'y a ni Capitule ni ℟ bref, mais seulement un Versicule. Les Prières sont plus longues qu'aujourd'hui ; et aux jours de féries elles se terminent par le *Miserere ;* on dit pour Oraison *Omnipotens*, qui est à l'Office du Dimanche dans l'Octave de Noël. Suivent le ℣ *Pretiosa* et *Sancta Maria*, le *De profundis* et l'Oraison *Absolve ;* puis *Respice Domine* avec l'Oraison *Actiones nostras*, etc.... *Adjutorium nostrum*.... *Sit nomen*.... *Benedicamus Domino*.... et à la fin : *Gaudium cum pace tribuat nobis Rex æternæ gloriæ. Amen. Fidelium animæ*, etc.

A Complies, on ne dit ni Capitule ni ℟ bref ; il y a pour chaque jour de la semaine une Antienne propre à *Nunc dimittis*. Les Prières sont aussi fort longues. Quand l'Office est *de tempore*, on ajoute le *Miserere* après les Prières, et on dit pour Oraison :

Illumina, quæsumus Domine Deus, tenebras nostras ; et totius hujus noctis insidias tu a nobis repelle propitius. Per Dominum.

Dans les fêtes, à moins qu'il n'y ait une Oraison propre, on dit la suivante :

Veritas tua, quæsumus Domine, semper maneat in cordibus nostris ; et omnis falsitas inimici destruatur. Per Dominum.

Je ne trouve nulle part les Antiennes à la sainte Vierge qui se chantent après Complies. On les disait seulement à dévotion, et cet usage a continué jusqu'à nos jours. Elles ne sont pas non plus dans les anciens Bréviaires Romains que j'ai vus (27).

Les Litanies qui suivent le Psautier sont très-longues; après, il y a de nombreux Versets et Oraisons, dont quelques-unes sont prolixes, mais pleines de piété.

Les Communs, qui sont ordinairement joints au Psautier, renferment des Homélies pour chaque classe de Saints.

Le Propre du temps commence par une longue Rubrique, qui règle l'Office de l'Avent selon le jour auquel tombe la fête de Noël; on indique, à la suite, quand il faut dire le *Te Deum*, le *Gloria in excelsis* et le *Credo*.

Il y a un Répons aux Vêpres du Samedi avant le I Dimanche de l'Avent. Les Leçons des premier et second Nocturne de ce Dimanche sont d'Isaïe. Dans le Bréviaire de 1492, la première est la Préface de saint Jérôme sur ce Prophète, qu'on lit encore à Notre-Dame. L'Evangile est *Cùm appropinquassent*, conforme au Missel; et l'Homélie est du vénérable Bède. Il y a un Verset sacerdotal à Matines; cet usage est propre à l'Eglise de Paris, de même que le neuvième Répons aux jours où l'on chante le *Te Deum*. A Laudes, après l'Oraison *Excita*, on fait mémoire des Saints dont on a des reliques; l'Oraison est *Propitiare*, que nous disons encore aux Suffrages; ensuite la mémoire de tous les Saints, terminée par l'Oraison *Conscientias nostras*; et ces mémoires se font durant tout l'Avent, excepté aux fêtes. A Prime, on marque six Psaumes avant *Confitemini*; on ne dit *Gloria Patri* qu'après deux Psaumes; puis le *Confitemini*, et les deux divisions du Psaume 118, le Symbole *Quicumque*, un Versicule et les Prières fériales. Les Vêpres se disent sous une seule Antienne. Dans les féries, il n'y a à Matines que trois Leçons d'Isaïe très-courtes, d'une dizaine de lignes environ. Les six jours qui précèdent Noël, des Antiennes propres se disent à Laudes, et cet usage est ancien à Paris (*a*). Il y a neuf Antiennes *O*, dont une propre au jour de saint Thomas; la dernière est *O Virgo Virginum*, qui se trouve encore dans nos Processionnaux.

A Noël, on dit les Psaumes de la Férie, et on chante un Répons

____

(*a*) Voyez la note (9) à la fin.

aux 1 Vêpres, selon l'usage constant de Paris à toutes les fêtes Doubles. L'Oraison est celle de la Vigile, et à Complies on dit *Deus qui salutis æternæ*. A Matines, après la cinquième Leçon, tirée d'un Sermon sur le Symbole, attribué à saint Augustin, dans lequel le saint Docteur apostrophe les Juifs incrédules, on lit au chœur des vers pris dans les livres Sibyllins, qui annoncent l'incarnation du Roi du ciel, et le jugement dernier qu'il doit exercer à la fin des siècles ; et comme, par une certaine combinaison des lettres qui commencent ces vers dans le grec, on y trouvait *Jesus Christus Filius Dei Salvator*, on adressait aussi aux Juifs cette apostrophe : *Credo jam vos, o inimici Judæi, tantis testibus ita obrutos confutatosque esse, ut nihil ultrà repugnare debeatis* (28). Avant le *Te Deum*, on chante la généalogie selon saint Matthieu, puis la Messe de minuit, dans laquelle les Laudes sont enchâssées. Les Psaumes et les Antiennes des Vêpres sont les mêmes qu'aujourd'hui ; mais au lieu d'Hymne il y a une Prose. Le Dimanche dans l'Octave a pour Laudes une Hymne propre, d'une poésie plus relevée que les autres du même temps. Elle se dit aussi à la Circoncision. En voici quelques strophes :

> Veni, Redemptor omnium ;
> Ostende partum Virginis ;
> Miretur omne seculum :
> Talis decet partus Deum...
>   Æqualis æterno Patri
> Carnis tropheo accingere,
> Infirma nostri corporis
> Virtute firmans perpeti.
>   Præsepe jam fulget tuum,
> Lumenque nox spirat novum,
> Quod nulla nox interpolet,
> Fideque jugi luceat.

Aux 1 Vêpres de l'Epiphanie, on dit les Psaumes et les Antiennes de Noël ; l'Oraison est celle de la Vigile, et cet usage est propre aux fêtes qui ont une Vigile. A Complies, il y a une Hymne propre, qui commence ainsi :

> Nuncium vobis fero de supernis ;
> Natus est Christus, dominator orbis,
> In Bethlem Judæ : sic enim Propheta
>   Dixerat ante.

puis une Oraison propre. A Matines, on chante, avant le *Te*

Deum, la généalogie selon saint Luc. Pendant l'Octave, on dit à Matines l'Hymne *Hostis Herodes ;* celle de Laudes est propre.

Depuis l'Octave de l'Epiphanie jusqu'à la Septuagésime, on lit le Dimanche et dans la semaine, quand l'Office est du temps, deux Leçons assez longues, *De Psalmodia*, tirées de l'explication du Psaume Ier par saint Augustin. On ne marque aucune Leçon de l'Ecriture.

Le Dimanche de la Septuagésime, on commence la Genèse, et on la continue jusqu'au Dimanche de la Quinquagésime. Le Lundi et le Mardi suivant, on lit du livre de Ruth. En général, toutes les Leçons de l'Ecriture sont très-courtes ; il est rare qu'elles passent dix à douze lignes. Celles des Pères ne sont guère plus longues.

Le Mercredi des Cendres, il n'y a pas d'Homélie ; les trois Leçons sont d'un saint Père. Dans les autres féries du Carême, les deux premières Leçons sont d'un saint Père, sur l'Epître de la Messe ; la troisième est une Homélie sur l'Evangile. Les Hymnes étaient celles du Psautier. Pour les Dimanches, il y a des Hymnes propres à Vêpres, à Complies, et à Matines. *Audi benigne Conditor* se dit à Laudes ; voici deux strophes de celle de Complies ; elles expriment les mêmes sentiments que celle de notre Bréviaire actuel.

Oculi somnum capiant ;
Cor ad te semper vigilet ;
Dextera tua protegat
Famulos qui te diligunt.
Defensor noster, respice ;
Insidiantes reprime ;
Guberna tuos famulos
Quos sanguine mercatus es.

Le premier Dimanche de Carême, les six premières Leçons sont d'un saint Père sur l'Epître du jour ; le II et le III Dimanche, elles sont tirées de la Genèse ; le IV, de l'Exode. Au III Nocturne, il y a un Evangile et une Homélie, et de même aux deux Dimanches suivants.

Le Dimanche de la Passion, on a mis un Répons aux I Vêpres. On commence le Prophète Jérémie, et on le continue dans la semaine ; il n'y a point d'Homélie aux féries. Le Dimanche des Rameaux a aussi un Répons aux I Vêpres. Les six premières Leçons des Matines sont d'un saint Père. Les trois jours suivants, on reprend Jérémie ; et on a mis à Laudes des Antiennes propres.

Les trois derniers jours de la Semaine sainte, l'Office est dans le même ordre qu'aujourd'hui. Après les Laudes on chante le *Kyrie* avec les versets, comme nous le faisons encore ; quelques-uns de ces versets diffèrent des nôtres, par exemple celui-ci : *Agno mili basia cui lupus dedit venenosa.* On les retrouve pareils dans tous les Bréviaires jusqu'en 1653. Le Samedi, on ne dit pas *Gloria Patri* à Complies, et il y a une Oraison propre.

Le saint jour de Pâque, à Matines, on lit l'Evangile et trois Leçons de l'Homélie de saint Grégoire. Après le troisième Répons, on fait la représentation du sépulcre, en dialogue. Les Anges, s'adressant aux saintes femmes représentées par des Chantres ou des Enfants, leur disent :

Quem quæritis in sepulcro, o Christicolæ?

Les femmes répondent :

Jesum Nazarenum crucifixum, o Cœlicolæ !

Les Anges :

Non est hic : surrexit, sicut prædixerat ; ite, nunciate quia surrexit.

Alors les femmes se tournent vers le Chœur, en récitant la Prose *Victimæ Paschali laudes,* jusqu'à *regnat vivus.* Puis le Chantre s'adresse aux femmes, en disant : *Dic nobis Maria,* etc. La première répond : *Sepulcrum Christi,* etc. la seconde, *Angelicos testes,* etc. la troisième, *Surrexit Christus,* etc. et tout le Chœur achève la Prose ; enfin on chante le *Te Deum.* A Prime, on dit les Psaumes *Deus in nomine tuo... Beati... Retribue,* avec un *Alleluia* à la fin ; puis *Hæc dies,* sans Prières, ni pendant l'Octave, et de même aux autres Heures. A Vêpres, trois Psaumes sous la dernière Antienne de Laudes ; après l'*Hæc dies,* l'*Alleluia* et son verset, on chante la Prose, mais en commençant à la seconde strophe *Agnus redemit oves.* A la Procession des fonts, on chante le ℞. *Christus resurgens* et autres ; on ne marque point de Psaumes. Le *Regina cœli* se chante à Notre-Dame avant Complies.

Pendant tout le temps Pascal, on ne dit que trois Psaumes et trois Leçons à Matines (29). Le Mardi après l'Octave de Pâque, on commence l'Apocalypse, et il y a une Antienne propre au *Benedictus* pour chaque jour de Férie. On a mis aussi une Hymne propre à Complies. Le Lundi et le Mardi de la quatrième semaine, on lit à Matines des Leçons tirées de l'Epître de saint Jacques ; le

Mercredi, de la première Epître de saint Jean ; le Jeudi et le Vendredi, de la première Epître de saint Pierre, et le Samedi de saint Jean. Les trois jours des Rogations, les Leçons sont des saints Pères.

Aux Complies de l'Ascension, on a placé l'Hymne *Jesu nostra redemptio*, qui se dit aujourd'hui à Laudes, et elle sert pendant l'Octave de la Pentecôte.

Aux I Vêpres de la Pentecôte on ne dit que trois Psaumes, les 145, 146 et 147. A Tierce, pendant l'Hymne *Veni creator*, deux Prêtres encensent l'autel. Aux II Vêpres, il n'y a que trois Psaumes sous une seule Antienne.

L'Hymne des I Vêpres de la Trinité est celle de la Pentecôte, et de même à Complies, à Matines et à Laudes. Aux II Vêpres, les Psaumes du Dimanche sont marqués sous une seule Antienne, selon l'usage constant de Paris aux Fêtes : usage que l'on observe encore aujourd'hui pendant les Octaves, et au salut du très-saint Sacrement. Le lendemain de la Trinité, on commence le premier livre des Rois, que l'on continue après l'Octave de la Fête-Dieu.

Pendant le mois de Juillet, on lit les Proverbes et les livres Sapientiaux ; Job, pendant le mois d'Août ; Tobie, les quinze premiers jours de Septembre ; ensuite Judith et Esther, chacun durant huit jours ; les Machabées, dans le courant d'Octobre ; Ezéchiel, pendant le mois de Novembre jusqu'à l'Avent. Mais on ne lisait de l'Ecriture sainte, que lorsqu'on faisait l'Office de la Férie. Dans les fêtes, c'était la légende du Saint ; et aux grandes fêtes, comme celles des Apôtres, ordinairement les six premières Leçons sont tirées des saints Pères, sans titre, de sorte qu'on ne sait à quel Père elles appartiennent ; au III Nocturne il y a un Evangile avec trois Leçons d'Homélies, souvent tirées du vénérable Bède.

Dans le Propre des Saints, à la Conception, les six premières Leçons de Matines sont prises d'une lettre attribuée à saint Anselme, où le saint rapporte à quelle occasion cette solennité fut établie en Angleterre par Guillaume-le-Conquérant. A Vêpres et à Matines on dit l'Hymne *O quàm glorificâ luce*, peu différente de celle que nous disons encore, et qu'on retrouve à plusieurs fêtes de la sainte Vierge : de même que *Virgo Dei genitrix* marquée à Laudes.

Au 28 Janvier, il y a un Office à neuf Leçons, avec une Oraison propre pour saint Charlemagne. Mais son nom n'est pas dans le calendrier, et la Rubrique qui précède la fête marque qu'on ne la fait pas maintenant dans le diocèse.

A la Chandeleur, la même Hymne sert pour Vêpres et pour Matines ; en voici quelques strophes :

> Quod chorus Vatum venerandus olim
> Spiritu sancto cecinit repletus,
> In Dei factum genitrice constat
>   Esse Maria.
> Hæc Deum cœli, dominumque terræ
> Virgo concepit, peperitque Virgo ;
> Atque post partum meruit manere
>   Inviolata...
> Tu libens votis petimus precantum,
> Regis æterni genitrix, faveto ;
> Clara quæ celsi renitens Olympi
>   Regna petisti.

Après le neuvième Répons, on chante la Prose *Inviolata*, et ensuite le *Te Deum*. A Laudes, Hymne *Virgo Dei genitrix*.

A la Visitation, il y a une Hymne de treize strophes, qui se partage en deux. Elle est d'une assez bonne poésie.

A la fête de sainte Marie-Madeleine, on dit à Vêpres la Prose *Victimæ Paschali laudes*.

Dans la partie d'été du Bréviaire de 1557, on a mis en six vers, à la suite du Propre du Temps, la manière de conclure les Oraisons.

> *Per Dominum* dicas, cùm Patrem Presbyter oras.
> Principio Natum memorans, dicas *Per eumdem.*
> Si circa finem, *Qui tecum* dicere debes.
> Commemorans Flamen, *ejusdem* dic prope finem.
> Si loqueris Nato, *Qui vivis* scire memento.
> Expellens satanam, dicas in fine *per ignem.*

Ensuite vient un discours attribué à saint Augustin : *O veneranda Sacerdotum dignitas*, etc. puis dix-sept quatrains rimés, sous ce titre : *Dictamen sancti Augustini;* ils roulent sur la prééminence, les qualités et les devoirs des Prêtres. Enfin les vers suivants qu'on intitule : *De regimine Sacerdotum.*

> Presbyter in mensa Christi quid agas bene pensa :
> Aut tibi vita datur, aut mors æterna paratur.
> Dum candela fluit, se destruit officiando ;
> Presbyter ita ruit si sit reus in celebrando.
> Mors tua, mors Christi, fraus mundi, gloria cœli,
>   Et dolor inferni sunt memoranda tibi.

On a vu plus haut comment le Bréviaire de Paris fut corrigé

sous Pierre de Gondy en 1584. Le Psautier est distribué comme le Romain ; mais les Prières à Prime et à Complies, les Antiennes de *Nunc dimittis* sont restées comme dans les Bréviaires précédents. Les Litanies ont été raccourcies. Les Évangiles de Matines sont restés les mêmes. Le Ier Dimanche de Carême, on lit trois Leçons de la Genèse, et trois de la seconde Épître aux Corinthiens ; les deux Dimanches suivants les six premières Leçons sont de la Genèse ; le IVe, on lit l'Exode. Dans les féries, il y a une Homélie pour chaque jour. En général, les Leçons sont plus longues que dans les anciens Bréviaires. Les trois derniers jours de la Semaine sainte, l'Office est, pour les Leçons, comme au Romain ; le reste au Parisien. Le Dimanche de *Quasimodo*, l'Office est comme le jour de Pâque, excepté l'Homélie de Matines et l'Oraison ; mais on ne fait pas la Procession aux fonts. Le Lundi, on reprend le chant des Hymnes ; et on commence l'Apocalypse à Matines. Dans l'Octave de l'Ascension, la première Leçon est prise des Actes des Apôtres ; les deux autres sont d'un saint Père. A la Pentecôte, on lit cette Rubrique : *Nota quod ad Tertiam Episcopus debet incipere Tertiam, similiter et Hymnum.* A la Conception de la sainte Vierge, la quatrième et la cinquième Leçons sont tirées de saint Jean Damascène ; la sixième de saint Augustin, et c'est la même qu'on a mise dans cet Office en 1836. Les Rubriques sont très-abrégées. On a mis à la suite un Précis de la Doctrine chrétienne en vers latins, qu'il est nécessaire que tous les chrétiens sachent, et surtout les Clercs ; puis des Oraisons de saint Ambroise et autres, pour la préparation à la Messe.

III. Du Rituel ou Manuel, et des rites des Sacrements.

Les prières et cérémonies des Sacrements se trouvent dans tous les Missels jusqu'à 1585 inclusivement. Mais comme un livre aussi pesant que le Missel embarrassait le Prêtre dans l'administration des Sacrements, on sentit la nécessité de faire un Rituel à part. Le premier fut imprimé en 1497, en un vol. in-4°. On a vu plus haut, que depuis, différents Évêques le corrigèrent successivement ; mais ces corrections n'ont point passé dans les Missels ; elles ne concernent guère que le langage, dans ce qui s'adressait au peuple, et le changement ou la suppression de certaines pratiques qui n'étaient plus d'accord avec les mœurs où l'on ne trouvait plus l'antique simplicité. Pour les formules des prières, elles n'ont jamais varié.

Le *Manuel* commence par la Bénédiction de l'eau. Je remarque, dans la dernière Oraison, qu'on lit *pietatis tuæ more sanctifices;* et c'est la véritable Leçon, qui a été rétablie dans les Missels depuis 1777 : à la suite sont placées la Bénédiction du cierge Pascal avec l'ancien chant de l'*Exultet*, et celle des fonts.

Les cérémonies du Baptême, qui viennent après, ne diffèrent point de celles de nos Rituels modernes. Il y a seulement quelques prières de plus, d'autres que l'on répète; et comme il y a un ordre particulier pour les garçons, et un pour les filles, plusieurs Oraisons s'omettent, ou sont conçues en termes différents selon le sexe de l'enfant (30). Le Prêtre, revêtu du surplis et de l'étole, (sans mentionner la couleur de celle-ci) interroge en ces termes ceux qui présentent l'enfant :

Que vous a Dieu donné? ℞. Un fils.

Que demande il? Baptesme.

Comment ara il nom ? Pierre ou Jehan (*a*).

Puis il dit : *Recede, diabole*, etc. et tout ce qui suit jusqu'aux interrogations sur le renoncement et sur la foi, qui sont en latin aussi bien que les réponses. Les onctions tant de l'huile des Catéchumènes que du saint chrême se font *cum baculo qui est in vase*. La Rubrique marque qu'avant de verser l'eau, le Prêtre *debet interrogare mulieres si infans fuerit undatus, aut non. Et tunc, si fuerit undatus, sub conditione baptizet* (*b*). *Abluat ergo semel vel ter* (*sine interruptione*, ajoute le Missel) *dicens verba quæ sequuntur :*

Si tu es baptizatus, ego non te baptizo : si nondum es baptizatus, ego baptizo te in nomine Patris, etc.

Après que l'enfant a été revêtu de l'habit blanc, on le porte sur l'autel, et là le Prêtre récite sur lui l'Evangile de saint Jean, puis l'Oraison *Protector in te sperantium*, précédée d'une invocation à la Trinité, et le bénit ensuite. Après quoi il adresse cette exhortation à ceux qui présentent l'enfant :

Vous, parrains et marraines, je vous en charge que vous disiez au père et à la mère de cet enfant qu'ils le gardent du feu et de l'eau, et de tout péril jusques à

(*a*) Le *Manuel* de 1581 ajoute : *Hic advertet Curio, ne Deo specialiter in Scripturis attributa, aut paganismi nomina,... baptizandis infantibus imponantur.*

(*b*) Le Missel porte qu'on demande à ceux qui présentent l'enfant, *si aliquid super infantem fecerint : quod si aliquid fecerint, sub conditione baptizet.*

sept ans ; et que ils lui facent apprendre *Pater noster. Ave Maria,* et sa créance, ou que vous lui facez apprendre. Je vous en charge et men descharge.

Il est marqué qu'on peut baptiser plusieurs garçons à la fois, ou plusieurs filles ; mais non pas garçons et filles ensemble, si ce n'est dans une extrême nécessité ; et alors le Prêtre dit seulement : *Ego baptizo vos in nomine Patris,* etc. *dimissis aliis quibuscumque.*

Pour le Mariage (31), le Prêtre en aube, étole et manipule, commence par bénir, à la porte de l'église, où les époux se tiennent, l'anneau, qui est d'argent et posé sur un plat ; cette bénédiction se fait en ces termes :

Manda, Deus, virtuti tuæ ; confirma hoc, Deus, quod operatus es in nobis ; a templo tuo, quod est in Jerusalem, tibi offerent reges munera. Increpa feras arundinis, congregatio taurorum in vaccis populorum ; ut excludant eos, qui probati sunt argento. Gloria Patri, *etc.* Kyrie, eleison, *etc.* Pater noster, *etc.*

Et ne nos inducas, *etc.*

Salvos fac servum tuum et ancillam tuam ; ℟. Deus meus, sperantes in te.

Mitte eis, Domine, auxilium de sancto ; ℟. Et de Sion tuere eos.

Domine exaudi... Dominus vobiscum... Oremus.

Creator et conservator humani generis, dator gratiæ spiritalis, largitor æternæ salutis : tu, Domine, emitte Spiritum sanctum tuum Paraclytum super hunc annulum ; ut quæ illum gestaverit, sit armata virtute cœlestis defensionis, et proficiat illi ad æternam salutem ; Per Christum.

Après cette bénédiction solennelle, le Prêtre asperge d'eau bénite les futurs époux (*a*), et les encense ; puis s'adressant aux assistants, il dit (23) :

Bonnes gens nous avons faits les bans troys fois de ces deux gens (*b*) ; et encores les faisons nous : que sil y a aucun ou aucune qui sache empechement par quoy l'un ne puisse avoir l'autre par la loy de mariage, si le dye.

Les assistants répondent :

Nous ny savons que bien.

Le Prêtre prend la main droite de l'épouse, la met dans la droite de l'époux, et leur dit, en les nommant :

Vous Marie et vous Jehan, vous promettez, fiancez et jurez lung lautre a garder la foy et la loyauté de mariage : et garder lung lautre sain et malade a tous les jours de vostre vie : si comme Dieu la estably, lescripture témoigne, et saincte Eglise le garde.

Alors le Prêtre donne l'anneau à l'époux, et celui-ci le met d'a-

---

(*a*) 1581 : le Prêtre asperge l'anneau et la pièce ou les pièces de monnaie, mais non les personnes.

(*b*) 1552, de ces deux personnages.

bord au pouce de son épouse, en disant après le Prêtre ces paroles (a) : « Marie de cest anel (b) te espouse : et de mon cors te
» honore : et te douc du douaire qui a esté devisé entre mes amis
» et les tiens : *In nomine Patris ;* » deuxièmement à l'index, en
disant, *et Filii ;* troisièmement au doigt du milieu (c), en disant,
et Spiritûs sancti ; et l'anneau y demeure. Ensuite le Prêtre éten-
dant la main sur eux, dit deux Oraisons : d'abord, *Deus Abraham,*
la même qu'aujourd'hui, sans *Dominus vobiscum* ni *Oremus* (d), et
ensuite :

Respice, Domine, super hanc conventionem : et sicut misisti Angelum tuum
Raphaelem pacificum Tobiæ, et Saræ filiæ Raguelis ; ita mittere digneris, Domine, tuam benedictionem super hunc famulum tuum et famulam tuam, ut in
tua voluntate permaneant et senescant, et multiplicentur in longitudine die-
rum ; Per Christum.

Le Prêtre alors, tenant l'époux de la main droite, et l'épouse
de la gauche (e), les introduit dans l'église, et fait sur eux le signe
de la croix, en disant : *In nomine Patris,* etc. Puis on célèbre la
Messe, qui est celle de la Trinité, avec l'Oraison pour les ma-
riés (33). La Préface propre du Mariage, et la bénédiction après
le *Pater,* sont les mêmes qu'aujourd'hui. Avant cette bénédiction
on a mis la Rubrique suivante : *Antequam dicatur* Pax Domini,
sponsus et sponsa prostrati ante altare, pallio conperiantur. Le Prêtre,
ayant dit l'*Agnus Dei,* donne la paix à l'époux qui la donne ensuite à son épouse. Le Clerc la porte aux assistants.

Après la Messe, le Prêtre bénit le pain, dans lequel les époux
mordent l'un après l'autre, et le vin dont ils boivent un peu (f) ;
puis le Prêtre les prenant par la main les introduit dans la maison.

(a) Selon le *Manuel* de 1581, le Prêtre demande séparément et l'un après l'autre le
consentement de l'époux et de l'épouse, presque dans les mêmes termes qui sont
dans nos Rituels. Puis il présente la pièce de monnaie à l'époux qui la donne à
son épouse, en disant : *Je vous doue,* etc. après quoi il ajoute : *Je vous honoré
de mon corps ;* et de suite met l'anneau comme il est marqué dans la note (c), en
disant : *Et de cet anneau vous espouse,* etc. *au nom du Père,* etc.

(b) 1552 : cet anneau.

(c) 1574 : touchant seulement ces doigts ; ensuite il met l'anneau au doigt le
plus proche du petit, et l'y laisse.

(d) Ils furent ajoutés en 1552 ; c'est à tort.

(e) 1581 : le Prêtre ordonne à l'époux de conduire sa femme à l'autel pour entendre la Messe.

(f) Les *Manuels* depuis 1497, disent : Le Prêtre donne un peu de pain et de
vin.

Une dernière cérémonie, qui retrace la simplicité des mœurs antiques, nous fait voir en même temps la religion toujours mêlée aux usages ordinaires de la vie civile, pour les sanctifier par ses bénédictions. Le soir, les parents étant rassemblés, et les époux assis sur le lit nuptial, le Prêtre fait sur eux et sur le lit une aspersion d'eau bénite, et un encensement autour du lit, pendant que l'on récite le Psaume cxxviii, *Beati omnes qui timent Dominum*. Après quoi, il bénit les époux, en récitant trois Oraisons, dont la première seule est conservée dans notre Rituel. Ensuite il fait apporter du vin, sur lequel il dit une Oraison, et qu'il asperge. Ayant fait une nouvelle aspersion sur les époux, sur le lit, et sur les assistants, il présente à boire à l'époux, puis à l'épouse; il boit lui-même (*a*), et les assistants après lui. Enfin il leur recommande de garder entre eux, sur toutes choses, la paix et la dilection mutuelle.

A la suite du Mariage, dans le *Manuel* de 1552, se trouve placée l'administration du Viatique, qui n'est pas mentionnée dans le *Manuel* de 1497. Après les versets, *Pax huic domui,... Ostende nobis*, etc. le Prêtre dit l'Oraison suivante :

Visita, quæsumus Domine, habitationem istam... et adsint Angeli tui sancti, qui me ministrum adjuvent, et infirmum in vera fide custodiant; Qui vivis.

Le Prêtre engage le malade à se confesser, s'il se sent coupable de quelque péché mortel; puis lui fait une exhortation, qu'il termine par les questions ordinaires sur sa croyance, etc. En donnant la sainte hostie, il dit : *Accipe corpus*, etc. Dans le *Manuel* de 1581, avant le *Domine non sum dignus*, le Prêtre demande au malade : « Croyez-vous qu'ici soit Jésus-Christ Sauveur du monde? » sans doute à cause de l'hérésie des Sacramentaires, alors fort répandue.

Pour l'Extrême-Onction, après les deux Oraisons *Exaudi nos*, et *Domine Deus qui per Apostolum*; le Prêtre commence l'Antienne *Intret*, suivie des Psaumes de la Pénitence; puis on dit les Litanies, moins longues dans le Missel que dans le Manuel. On a mis auparavant cette Rubrique : *Nota quod Psalmi Pœnitentiales cum Antiphona aliquando dicuntur eundo ad infirmum; sed semper*

(*a*) 1574 : l'encensement est supprimé; et on ne dit pas que le Prêtre boive après les époux.

Litania dicitur in præsentia infirmi. Après les Litanies, le Prêtre dit quatre Oraisons, dont nous n'avons gardé que la troisième, *Deus qui facturæ tuæ.* Enfin, il récite la formule d'absolution générale, telle qu'on la dit encore.

Les onctions se font avec le pouce, en disant les mêmes formes qu'aujourd'hui, *quidquid peccasti.* Les anciens Missels ne marquent que six onctions; les *Manuels* en ajoutent une, *ad renes viri.* Le Missel de 1585 met *ad pectus;* et c'est ce qui est resté. Après les onctions, le Prêtre se lave les mains avec du sel et de l'eau, qui doit être jetée contre la muraille ou dans la cheminée. Il récite encore quatre Oraisons, dont la première est fort longue; puis quatre Bénédictions assez prolixes, en faisant plusieurs fois le signe de la croix sur le malade avec la croix de l'église. Enfin il lui montre la croix, en disant, *Ecce signum crucis;* ou en français : « Mon amy, ou, ma mye, ici » est le signe de la croix en laquelle notre Sauveur et Rédem- » pteur Jésus-Christ a souffert pour nous mort et passion, pour » nous racheter des peines d'enfer. Voulez-vous pas vivre et » mourir en ceste foi (a)? » A quoi le Missel ajoute : *Et alia hortamenta, secundùm discretionem, dicat Sacerdos, et amici infirmi. De sacramento etiam Eucharistiæ petenti infirmo, sicut et cetera Sacramenta, ministretur; nec est magna vis de ordine. Si enim infirmus priùs petat sacramentum Eucharistiæ, sibi (priùs confessione factá de peccatis) ministretur.*

Je ne trouve rien dans les *Manuels* sur le sacrement de Pénitence. Le Missèl contient des avis courts, mais clairs et précis, pour inculquer au Prêtre qui vient se confesser les motifs de contrition, d'amour de Dieu, d'horreur du péché auxquels il doit s'exciter pour célébrer dignement; on en a vu un extrait ci-dessus, pag. 5. Après l'*Indulgentiam*, avant de donner l'absolution, le Prêtre dit :

Meritum Passionis Domini nostri Jesu Christi, suffragia sanctæ matris Ecclesiæ, bona quæ fecisti, et quæ per Dei gratiam facies, sint tibi in remissionem peccatorum. Amen.

L'Office des Défunts n'est pas en tout semblable à celui du Ri-

(a) Le *Manuel* de 1581 contient une suite de *demandes chrétiennes pour être faites au malade,* sur la foi, sur le regret de ses péchés, sur le pardon de ses ennemis, etc.

tuel Romain. A Vêpres, l'Antienne du *Magnificat* est différente ;
il y a une Oraison pour les père et mère. Aux Vigiles, l'on ne
marque pas l'Invitatoire ni le Psaume *Venite*. Les Psaumes, les
Leçons et les Répons sont les mêmes ; mais les Répons sont dans
un ordre tout autre, et le dernier est le grand *Libera*. A Laudes,
l'Antienne du *Benedictus* diffère aussi. Cet Office a été conservé en
1646, quoique le titre du Rituel porte, *ad Romani formam expres-
sum*. A la suite viennent les Recommandations de l'ame, vulgai-
rement *Commendaces*. A l'exception du Répons, ces prières ont été
constamment les mêmes jusqu'à nos jours.

Il y a trois Messes marquées pour les défunts ; celle du Saint-
Esprit et celle de la sainte Vierge sont avant les Vigiles. La
première est du rite simple, sans *Gloria in excelsis* ni *Credo ;*
mais la seconde est solennelle : on y dit le *Gloria in excelsis*, et
l'*Alleluia*, que suivent plusieurs Proses selon les divers temps, et
un Trait pour la Septuagésime et le Carême ; on dit le *Credo*. La
troisième est la Messe *Requiem*, et la Prose *Dies iræ* y est notée (*a*).
L'usage de dire ces trois Messes subsiste encore dans plusieurs
diocèses (34).

Les prières de la sépulture sont d'une extrême longueur. Après
Non intres, on chante dans l'église deux Répons, *Subvenite*, et *Antequam nascerer*, avec le *Kyrie*, le *Pater noster*, et une Oraison à
la suite de chacun. En portant le corps en terre, on chante les
Psaumes 117, *Confitemini;* 41, *Quemadmodum ;* 131, *Memento,*
avec une Antienne et une Oraison après chaque Psaume ; ensuite le 138, *Domine probasti me,* son Antienne, *Pater noster*, et onze Oraisons ; enfin le *De profundis* avec l'Oraison *Fidelium*.

Il n'y a d'autres Bénédictions, que celle de la besace et du bâ-
ton des Pélerins, et celle d'une cloche. On trouve, dans cette
dernière, le *Te Deum* absolument noté comme dans nos livres
actuels. C'est une nouvelle preuve, que l'on a toujours tenu,
dans l'église de Paris, à conserver intacts les chants familiers au
peuple, quoiqu'on trouvât peut-être plus d'agrément dans ceux
d'autres diocèses : c'est un témoignage de la sagesse de nos
pères.

(*a*) Il y a deux Evangiles à cette Messe ; on peut choisir. Dans le *Manuel* de
1552, on a mis trois Epîtres et quatre Evangiles.

La Prose *Stabat Mater* y est insérée comme se chantant à Notre-Dame le Vendredi-saint, après l'Office du matin. Le chant, qui respire la complainte et la tristesse, s'accorde bien avec les paroles. Comme dans les autres Proses, le même chant sert pour deux strophes. Les suivantes en donnent une idée.

La *Séparation des Lépreux,* qui vient après la bénédiction d'une cloche, a existé dans nos Rituels jusqu'en 1777 : mais la Rubrique des *Manuels* antiques a ceci de particulier, que le Prêtre conduisait le lépreux à l'église et de l'église à sa maison, comme un défunt, en chantant le *Libera,* et il était couvert d'un drap noir. On laisse au choix du Prêtre de dire la Messe pour les infirmes, ou bien la Messe propre pour cette séparation. Cette Messe est en partie celle d'un malade à l'agonie, de laquelle on prend l'Introït et la Communion ; presque tout le reste est de la Messe des infirmes.

On lit ensuite cette Rubrique, en 1497 :

Sensuit une confession et absolution générale composée par maistre Jehan Gerson, en son vivant chancelier de Paris. Et de son temps fut ordonné que chacun Curé ou son Vicare la liroit ainsi quelle est escripte, au peuple en son église, le jour de Pasques avant la communion. Aussi avant la confession liroit aucuns bons enseignements et monitions qui sensuivent.

Ces enseignements roulent sur l'Eucharistie et le devoir Pascal.

Après, vient la formule des Prières du Prône, qui se lisaient alors à la suite de l'Offertoire. Puis on lit :

En ce petit traictié est contenue l'examination de la conscience de chacune personne. Et aussi la forme et maniere par quoy homme et femme peuvent vivre selon Dieu, compilé par maistre Jehan Jarson (*sic*) chancelier de Paris et maistre en theologie.

Ce traité est divisé en quatre parties : 1° la médecine de l'ame; 2° notables pour entendre comment confession se doit faire; 3° interrogations à faire à un malade; 4° remèdes aux tentations.

La Messe du saint Nom de Jésus termine le livre.

En 1552, après la formule du Prône, on a substitué à ce qu'on vient d'indiquer, une *Exposition doctrinale des Commandements de Dieu;* suivie d'une *Exhortation au peuple pour le disposer à recevoir le Sacrement de l'autel au jour de Pâque, avec la confession générale et l'absolution.*

ARTICLE III.

Des modifications introduites dans les rites de Paris depuis le commencement du dix-septième siècle.

On a vu que Pierre de Gondy sollicité d'adopter le Bréviaire Romain, avait fait proposer l'affaire au Chapitre; et que ce corps, attaché à ses usages antiques, jugea à propos de les conserver (*a*). Quoiqu'en réimprimant le Bréviaire, en 1584, on y eût inséré quelques Leçons tirées du Romain, les rites de Paris demeurèrent intacts. Mais il paraît qu'on réitéra les mêmes instances sous Henri de Gondy, neveu et successeur de Pierre.

Ce Prélat publia en 1615 un nouveau Missel, qu'il intitula : *ad formam sacrosancti Concilii Tridentini emendatum*, et comme il le dit dans son Mandement, *ad Romanum usum totum compositum*. En effet, l'Ordinaire de la Messe, les Introïts, Oraisons, Epîtres et Evangiles, Graduels, etc. sont conformes au Missel Romain, toutefois avec quelques exceptions. Ainsi, quoique les Rubriques soient calquées sur les Romaines, il y a pourtant bien des différences et pour l'ordre et pour le fond. Les rites de la Messe basse sont ceux du Missel Romain, mais, dans l'ordre de la Grand'Messe on a conservé une bonne partie des anciens rites de Paris. On garda l'ancien calendrier, en retranchant quelques Saints; plusieurs furent transférés à d'autres jours, et on en inséra de nouveaux, mais en petit nombre. On ne dit qu'une

____

(*a*) Voyez ci-dessus pag. 1, et ci-après la note (10).

Oraison aux Semidoubles, aux Simples et aux féries ; on fait mémoire de la sainte Vierge quand on en a dit le petit Office. Le Vendredi après les Cendres, on marque la fête des cinq Plaies ; et le Vendredi de la Passion, celle de la Compassion de Marie, avec *Gloria in excelsis* et *Credo* à toutes les deux. La Vigile de l'Assomption est maintenue au Dimanche lorsqu'elle tombe ce jour-là. Il y a une Prose aux fêtes de la sainte Vierge, à la saint Denis, à la Toussaint. Les autres Proses des fêtes sont à la fin du Missel. Il y en a aussi pour les Communs des Saints ; car, quoiqu'on ne les eût pas insérées dans les Messes, on continuait à les chanter. Les usages de Paris furent aussi conservés pour la couleur des ornements : ainsi le blanc est assigné depuis le premier Dimanche de l'Avent jusqu'à la Chandeleur, même quand la Septuagésime tombe avant cette fête ; le cendré ou le violet, dans le Carême ; le noir au temps de la Passion ; le rouge, de la Trinité à l'Avent.

Dans les rites de la Messe basse, il est permis de se couvrir la tête de l'amict, depuis la Toussaint jusqu'à Pâque. Il n'est pas dit que, dans le reste de l'année, le Prêtre doive être couvert en allant à l'autel ; le contraire est insinué. A la fin, il est marqué que dans les lieux où le Prêtre ne peut dire commodément à l'autel l'Evangile de saint Jean, il le récite en retournant à la sacristie, ou bien quand il y est arrivé.

Les différences de la grand'Messe sont plus nombreuses. Le Célébrant, dès qu'il a salué l'autel, baise le crucifix ou autre image, qui est sur la couverture du Missel présenté par le Sous-Diacre. Celui-ci, après le *Confiteor*, présente la croix à baiser au Célébrant avant qu'il monte à l'autel, puis aux autres Ministres. Avant l'Evangile, le Thuriféraire encense le Diacre. Au lavement des mains, c'est le Sous-Diacre qui verse l'eau, et qui présente le manuterge (35) ; le Diacre va, pendant ce temps-là, encenser les reliques. A Notre-Dame, un Enfant de chœur, revêtu d'une chape (36), reçoit du Sous-Diacre, sur un plat d'argent, la patène couverte d'un voile, et la tient jusqu'au *Pater*. Alors le Sous-Diacre la prend avec le voile, et la remet au Diacre à *Panem nostrum*. Le Diacre donne la paix aux Enfants, qui la portent au chœur. Le Sous-Diacre, à la droite du Célébrant, découvre le calice pour la communion, et verse ensuite le vin et l'eau pour les ablutions. Tous ces usages sont particuliers à Paris.

Les anciens rites ont été aussi maintenus pour les Laudes de Noël, qui font partie de la Messe de Minuit ; pour le Mercredi des Cendres, et les jours de la Semaine sainte. On a seulement ajouté au Samedi-saint, la bénédiction du feu et des grains d'encens, et le *Gloria Patri* aux Vêpres, qui font partie de la Messe de ce jour.

La Vigile de la Pentecôte n'a toujours que quatre Leçons ; et l'Oraison *Veneranda nobis* a été conservée à l'Assomption.

Pour les Messes votives, on retrouve la plupart de celles qui sont dans les Missels précédents. A la Messe du Mariage, la Préface propre est restée ; et celle qui se récite sur les époux, après le *Libera nos*, est toujours en forme de Préface, quoiqu'elle fût en forme d'Oraison dans le Missel Romain.

Le même Prélat, ayant, dans ses Statuts de 1618, recommandé l'observation des nouveaux rites, adressa à son Clergé, en 1619, un *Avertissement pour bien pratiquer les Cérémonies requises à la célébration de la sainte Messe;* livre d'autant plus nécessaire, que les Prêtres, formés aux anciens usages, avaient pour ainsi dire besoin d'un apprentissage pour s'accoutumer à ceux qu'on venait d'introduire (37). Il donna encore, en 1601, un *Sacerdotale* ou Rituel. Enfin il fit aussi réimprimer le Bréviaire en 1607, puis en 1617, en l'intitulant, comme le Missel, *ad formam sacrosancti Concilii Tridentini*, et il le rapprocha beaucoup du Romain (38). N'ayant trouvé ces Bréviaires dans aucune Bibliothèque, je ne puis parler des changements qui furent faits alors, que sur ce qui en subsiste dans les éditions données par Jean-François de Gondy, premier Archevêque de Paris.

Ce Prélat, ayant succédé en 1623 à Henri son frère, fit paraître la même année une édition du Missel conforme à celle de 1615 (39); et publia successivement trois éditions du Bréviaire. Dans un Mandement, daté du 20 décembre 1634, il annonce qu'il a revu le Bréviaire *septuplum*, avec le concours tant du Chapitre, que de personnages recommandables par leur doctrine et leur piété. La première parut en 1640, en un volume in-fol.; la seconde en 1643, deux volumes in-8°; la dernière en 1653, quatre vol. in-16. Ces éditions sont conformes entre elles ; et elles ne s'éloignent point de la précédente, puisque l'Archevêque, dans son Mandement, ne parle que d'une exacte révision, sans indiquer de changements. Tout en s'efforçant de l'accommoder au Romain, on conserva néanmoins la plupart des anciens rites de Paris. Aussi les Rubriques diffèrent-elles beaucoup des Romaines. On a gardé le Répons aux I Vêpres des jours Doubles et au-dessus; et le neuvième Répons à Matines, même quand on dit le *Te Deum.* Aux II Vêpres des fêtes, les Psaumes se disent sous une seule Antienne, excepté à Noël, et aux fêtes dont les Antiennes sont tirées des Psaumes. A Complies, on a laissé les Hymnes propres aux différents temps de l'année; mais on a ôté les deux belles Oraisons, *Illumina* et *Veritas tua,* pour y substituer *Visita,* qui est restée (40).

Les Antiennes s'annoncent seulement; et on ne les dit entières qu'après les Psaumes et les Cantiques.

Contrairement au Romain, on célèbre le Dimanche les fêtes de la Purification et de l'Annonciation, et l'anniversaire de la Dédicace, en Carême.

On a conservé les neuf Antiennes *O* avant Noël.

Le Vendredi après les Cendres, on fait l'Office des cinq Plaies de N. S. auquel on dit *Te Deum,* ainsi qu'à la Compassion de la sainte Vierge, marquée le Vendredi de la Passion; et on dit les deux Hymnes composées pour cette dernière fête par Isaac Habert, Théologal de Paris.

A Laudes du Jeudi-saint, et des jours suivants, le *Kyrie* et les versets propres à Paris ont été maintenus.

La Procession des fonts du jour de Pâque est marquée pour cette fête et pour toute l'Octave, comme auparavant. Pendant tout le Temps Pascal, il n'y a que trois Psaumes à Matines.

Le jour de la Pentecôte, on dit à Tierce l'Hymne *Veni creator;* et elle ne sert point à Vêpres.

Saint Joseph a un Office Double, au 19 mars.

La Vigile de l'Assomption se fait le Dimanche, quand elle tombe ce jour-là.

On a mis aux fêtes de la sainte Couronne d'épines et de saint Louis les Hymnes composées par Isaac Habert.

A la Commémoration des Défunts, tout l'Office est de cette Commémoration, même le Dimanche; et l'Office du Dimanche est anticipé au Mercredi précédent. Les Vêpres sont de saint Marcel; mais ce saint n'a plus d'Octave, on fait celle de la Toussaint. Saint Martin a conservé la sienne.

Tout à la fin de la partie d'Été, on a placé un Office de l'Ange gardien, pour être récité à dévotion le premier jour non empêché après la saint Michel; et celui de saint Charles pour le 4 Novembre, pareillement à dévotion.

Ce même Prélat donna, en 1646, le Rituel arrangé sur le Rituel Romain, tout en y conservant beaucoup de choses propres à Paris; et en 1653 le Processionnal, dont je n'ai pu voir que les Rubriques. Le Missel, revu par ses soins, parut après sa mort en 1655. Il y fit quelques additions; et on y trouve pour la première fois, à la Toussaint, la Prose *Sponsa Christi*.

Le célèbre Cardinal de Retz, son neveu, et qui était depuis dix ans son coadjuteur, lui succéda en 1654. Prisonnier au château de Vincennes, il ne put que prendre possession par procureur, et ses grands Vicaires gouvernèrent le diocèse. Ils approuvèrent en son nom le *Directorium Chori*, et le Cérémonial de Sonnet, qui sont décrits ci-après.

Hardouin de Péréfixe, qui devint Archevêque en 1664, après la démission du Cardinal de Retz, publia un Missel en 1666. Quoiqu'il soit conforme en général à celui de 1655, il y a néanmoins plusieurs additions. Les Rubriques y sont rédigées dans un ordre nouveau, principalement en ce qu'on a séparé tout-à-fait les rites de la Messe basse de ceux de la Messe haute. Elles sont calquées sur le Cérémonial de Sonnet, qui eut part à leur rédaction. Il est marqué au chap. IV, que le premier Jeudi de chaque mois, quand on fait l'Office de la Férie, excepté l'Avent et le Carême, la grand'Messe est du très-saint sacrement, et qu'on y renouvelle les saintes espèces. Le Célébrant consacre sept petites hosties, et consomme les anciennes. La Messe de la sainte Vierge, le Samedi, est du rite Semidouble. Au chap. V, la Prose *Dies iræ* est prescrite au jour de l'enterrement, et au premier Anniversaire; on doit la dire avant l'Evangile. Les rites de la Messe basse devant le très-saint sacrement, et devant M. l'Archevêque, sont exposés dans des chapitres à part. On décrit séparément les rites de la Messe haute Solennelle, et Double, et devant le très-saint sacrement, et pour les Défunts. Les Induts sont mentionnés comme servant à l'église métropolitaine. Les saints Anges gardiens et saint Charles sont dans le calendrier. M. de Péréfixe, dès 1670, s'était aussi occupé de la réformation du Bréviaire, et de concert avec le Chapitre, il avait entrepris cette grande œuvre; mais il ne put la mener à fin.

François de Harlay, son successeur, dès qu'il eut pris possession
en 1671, fit continuer par les mêmes personnes qui avaient commencé le travail, et par d'autres qu'il leur adjoignit, la correction
du Bréviaire (41), se croyant obligé, comme il le dit dans son Mandement, par les conciles de sa province (42), d'examiner avec soin
tous les livres de la liturgie, d'en retrancher tout ce qui paraîtrait
peu convenable à la majesté du culte divin, d'y ajouter les choses
jugées nécessaires, enfin de n'y laisser que ce qui s'accorde avec
la dignité de l'Eglise, et avec les usages antiques. Ce Bréviaire parut en 1680, quatre vol. in-12. La saine critique faisait alors
de grands progrès ; on avait commencé à donner des éditions correctes des saints Pères et des auteurs ecclésiastiques, en distinguant les écrits qui leur appartenaient véritablement, de ceux qui
leur étaient faussement attribués. Le Cardinal Bona, et d'autres
savants liturgistes, étudiaient l'antiquité, tiraient de l'oubli les
anciens Sacramentaires, et faisaient connaître les rites observés
dès les premiers siècles chretiens. Mettant à contribution tous ces
auteurs, le Prélat changea dans le Bréviaire les Homélies qui n'étaient pas authentiques, corrigea les légendes douteuses, substitua
aux vieilles Hymnes d'un style dur et peu châtié, d'autres
Hymnes qui unissaient l'élégance à la piété. Ce travail était à peine
achevé, qu'il en entreprit un nouveau sur le Missel. Dans celui
de 1615, on avait supprimé les Epîtres et les Evangiles propres,
qui de toute antiquité se lisaient dans l'Eglise de Paris le mercredi et le vendredi de chaque semaine ; il rétablit ces leçons, et
dans le choix qu'il fit, il s'efforça de mettre celles des féries en
rapport avec celles du Dimanche. Il choisit également pour les
Messes des mystères et des saints, des lectures variées et appropriées aux fêtes, de telle sorte que le Nouveau-Testament se lisait
presque entier dans le Missel. Tout ce qui se chante fut pris dans
l'Ecriture sainte, parce qu'il parut convenable d'employer dans
la célébration de l'auguste sacrifice des paroles inspirées par
l'Esprit saint. Pour les Oraisons, on en prit un grand nombre
dans les anciens Sacramentaires, et celles qu'on y ajouta, furent
composées dans le même esprit (a). Dans les rites de la Messe,
l'*Orate fratres* est marqué comme se disant tout entier à voix
moyenne ; les Induts, à la grand'Messe, sont indiqués sans dis-

(a) Tout ceci est exposé dans son Mandement du 13 novembre 1684.

tinction pour servir dans toutes les églises. Parmi les additions faites au calendrier, on remarque saint François de Sales, *Simple ;* S. Clet, Pape ; S. Pothin, Evèque de Lyon et martyr ; saint Norbert, instituteur des Prémontrés ; une Octave à la Conception ; la mémoire des saints Josse, François-Xavier, et Ignace. Les Proses nouvelles sont celles de l'Ascension, *Solemnis hæc festivitas ;* de l'Annonciation, *Humani generis ;* de saint Denis, *Exultet Ecclesia.* On a mis une Messe propre à la Commémoration des Défunts ; et dans un supplément, les Messes de sainte Marie de Béthanie, au 19 janvier ; de saint Denis l'Aréopagite, au 3 octobre (43) ; *de sancta Veronica D. N. J. C.* pour le Mardi de la Quinquagésime. L'édition fut achevée en 1685. A la suite parut, en 1686, un nouveau Processionnal. Il fallut nécessairement composer un chant pour l'adapter à de nouveaux textes. On en chargea l'abbé Chastelain (44), Chanoine de Paris, et il l'exécuta à la satisfaction générale. Enfin le même Pontife, après avoir tenu, en 1673 et 1674, deux synodes dans lesquels il dressa des Statuts sur divers points de discipline, et aussi pour régler le culte divin, réprimer les abus qui s'y glissaient, pourvoir à l'entretien et à l'ornement des temples, recueillit et réunit en corps d'ouvrage, sous le titre de *Synodicon* (42), tous les Statuts et Ordonnances de ses prédécesseurs, et les publia avec les siens, en 1674.

Une nouvelle édition du Bréviaire fut donnée en 1700, par Louis-Antoine de Noailles, successeur de François de Harlay. Il y fit très-peu de changements. La deuxième année de son épiscopat, en 1697, ce Prélat publia un Rituel, préparé et même presque achevé par son prédécesseur. C'est celui qu'on a suivi jusqu'à nos jours ; et dans le dernier, publié en 1839, presque rien n'a été changé par rapport à l'administration des Sacrements. Le Cérémonial, qu'il mit au jour en 1703, est sans contredit un des livres les plus utiles qu'il ait laissés au Diocèse. Avec les Statuts du synode que ce Prélat tint en 1697, on a réuni dans le *Synodicon* (pag. 305 et suiv.) les Ordonnances qu'il a faites sur la discipline, dont plusieurs concernent la célébration de la Messe, l'administration des Sacrements, et autres matières qui tiennent à la liturgie. Dans le Missel, réimprimé en 1706, les corrections avaient pour but, comme il le dit dans son Mandement, d'en rendre l'usage plus commode au Célébrant. Les Rubriques furent mises d'accord avec le Cérémonial. Les additions se bornent à quelques Messes, aux Proses de la Chandeleur, *Ave plena gratiâ;* de l'Assomption, *Induant justitiam;* de la Nativité, *Gaudii primordium.* Dans la Messe de saint Denis, l'Epître tirée de la I aux Thessaloniciens, ch. ii, a été substituée au discours de saint Paul devant l'Aréopage. On a mis des Epîtres et Evangiles propres à la Messe votive du très-saint sacrement, pour différents temps de l'année; de même aux Messes des défunts, pour les jours de la semaine. A la fin, il y a un très-grand nombre de Proses nouvelles pour les fêtes des Saints, et autres (46). Une édition du Bréviaire fut encore donnée par ce Prélat en 1713; et ce fut alors qu'on supprima les Répons de saint André, de sainte Agathe, de sainte Cécile et autres tirés des Actes des Martyrs. Vers la fin de sa vie, en 1727, il fit réimprimer le Martyrologe de son Eglise, dont il n'existait qu'une édition, celle de 1490. Il énonce dans son Mandement les additions qu'il y a faites. La principale est une suite de Canons sur le dogme et la discipline, pour être lus à la fin de Prime chaque jour de l'année.

Charles Gaspar de Vintimille, dès qu'il fut monté sur le siége de Paris, en 1729, se trouva dans la nécessité de faire réimprimer tous les livres de son Eglise, dont les exemplaires manquaient entièrement; il voulut en même temps continuer l'œuvre de perfectionnement commencé par ses prédécesseurs. Il avait d'ailleurs sous les yeux les exemples des Eglises de Sens, de Rouen, d'Orléans et autres, qui depuis peu d'années avaient réformé leur liturgie (47). Le P. Viger, Oratorien, après avoir, sous M. de Noailles, rédigé le Martyrologe, s'était aussi occupé de la rédaction du Bréviaire; il l'acheva par ordre de M. de Vintimille. Son travail fut revu par les Vicaires généraux de ce Prélat, MM. de Romigny, Regnauld et Robinet, avec lesquels se concertèrent les commissaires du Chapitre, l'abbé de Harcourt, Doyen, à leur tête (a); et le Bréviaire fut publié en 1736. On trouva, dans ce livre, un heureux emploi de l'Ecriture, principalement aux fêtes des mystères, où les textes des deux Testaments rapprochés font apercevoir la figure, d'abord montrée de loin, réalisée ensuite; et la vérité prédite, accomplie au temps marqué. Les livres saints, dont on ne lisait auparavant que des morceaux peu

____

(a) Note manuscrite de l'abbé Reverdy. Voyez la note (41).

liés entre eux, furent distribués pour chaque jour en lectures suivies, qui renferment les parties les plus notables et les plus utiles de ces livres divins, tant historiques que moraux et prophétiques. Les Sermons et Homélies des Pères, propres à chaque fête, tout en montrant la manière dont ces saints docteurs instruisaient les fidèles, fournissent aussi aux Prêtres un aliment pour la piété, et un modèle pour traiter dignement la parole de Dieu. En retouchant le style des Hymnes anciennes, on en conserva les pensées et les pieux sentiments. De nouvelles furent jointes à celles qui avaient été insérées dans les deux Bréviaires précédents ; et on y trouve le même esprit de piété, avec le même goût de bonne latinité (48). Les Canons de Prime, qui n'étaient, dans le Martyrologe, que pour les églises où on le lisait à Prime, furent insérés dans le Bréviaire, afin que les Clercs dans les ordres sacrés pussent acquérir une connaissance sommaire des matières de dogme et de discipline traitées dans les conciles dès la plus haute antiquité.

Plusieurs Evêques, de concert avec leurs Chapitres, adoptèrent ce Bréviaire dès qu'il parut ; beaucoup d'autres, et des provinces ecclésiastiques (49) entières l'ont aussi successivement adopté. Mais la critique ne se fit point attendre. A peine était-il publié, qu'on l'attaqua vivement dans trois Lettres ou Remontrances, attribuées par les uns au Docteur Jean-Noël Gaillande, et par d'autres au P. Hongnant, l'un des rédacteurs du Journal de Trévoux. Le P. Viger y opposa trois Lettres, où il réfute son adversaire avec autant de solidité que de modération (50). « Ces » Lettres sont très-bonnes, dit un contemporain (a); et peuvent » servir de canevas à une défense complète du Bréviaire de Pa- » ris. La meilleure défense de ce Bréviaire est la fermeté de » M. de Beaumont à ne point faire travailler à sa révision, mal- » gré toutes les démarches et les sollicitations employées pour y » engager ce digne Prélat. »

Le Missel ayant suivi de près le Bréviaire, en 1738 (51); on en prit les Collectes des fêtes, et on les inséra dans la seconde édition du Bréviaire en 1745, afin qu'il y eût une conformité entière dans toutes les parties de l'Office. L'Antiphonaire et le Gra-

(a) L'abbé Drouard, traducteur du Cérémonial. Voyez la *Préface du Manuel des Cérém.* page xii, *note.*

duel avaient été donnés pour le Chœur en même temps que le Bréviaire et le Missel (52); on les imprima aussi d'un format portatif, pour que non-seulement les Clercs, mais encore tous les fidèles pussent s'unir au Chœur et chanter les louanges de Dieu. La facilité de se procurer ces livres, dont on fit des abrégés en faveur des laïques, surtout de la campagne, contribua à ranimer le zèle du peuple pour l'assistance aux Offices. On ne voulut rien changer au chant des Hymnes, *Kyrie*, *Gloria in excelsis*, *Te Deum*, et autres pièces que le peuple était accoutumé à chanter, et que bien des fidèles savaient par cœur. Le Processionnal parut en 1739. Un grand nombre des paroisses de la ville, et plusieurs dans le reste du diocèse, firent composer des Offices propres de leurs Patrons, sur le modèle des nouveaux livres; mais on s'aperçoit que plusieurs ont été faits trop vite.

Les successeurs de Charles de Vintimille, Christophe de Beaumont et Antoine-Éléonor de Juigné ont laissé intacte l'œuvre de leur prédécesseur. Le premier approuva deux différents Offices du sacré Cœur de Jésus, autorisant la fête dans le diocèse, sans toutefois l'établir, à cause des oppositions qu'il prévoyait. Après la canonisation de sainte Jeanne de Chantal, il fit insérer deux Leçons dans le Bréviaire, avec une Messe propre dans le Missel, et fixa sa fête au 23 août. Le Rituel fut réimprimé par son ordre, en 1777, et on y mit l'Office des Défunts conforme au Bréviaire. M. de Juigné avait dessein de faire ajouter un Commun des Prêtres, et d'élever quelques Saints à un degré supérieur (53). On a donné suite à ce projet tant dans l'édition du Bréviaire préparée sous le Cardinal de Périgord, et publiée après sa mort par M. Hyacinthe-Louis de Quelen en 1822, que dans celle du Missel en 1830.

Les Rubriques du Missel, surtout dans la seconde partie qui concerne les rites de la Messe, avaient déjà modifié, en 1738, quelques points du Cérémonial de 1703. D'autres corrections jugées nécessaires furent faites en 1830. Ces modifications sont peu de chose; mais l'étude des rites a été rendue plus facile, en ce qu'on a séparé ceux de la Messe basse de ceux de la grand'Messe, et qu'on a réglé divers points dont le Cérémonial ne parle pas, ou qui y sont laissés dans le vague. On a même publié ces Rubriques à part, pour la commodité des Prêtres.

ARTICLE IV.

Des Cérémoniaux.

Il ne paraît pas qu'on ait composé aucun Cérémonial à Paris avant
le dix-septième siècle. Mais lorsqu'en 1615, on eut introduit dans
le Missel des rites nouveaux, et qu'à la grand'Messe surtout les
anciens eurent été délaissés en grande partie, il fallut bien donner
aux Prêtres le moyen de se former aux nouvelles cérémonies. Ce
fut le but de l'*Avertissement aux Prêtres*, publié en 1619, et men-
tionné ci-dessus ; il ne concerne que la Messe basse. N'en ayant
trouvé aucun exemplaire, je n'en puis rien dire.

La nécessité d'un Cérémonial proprement dit se faisant sentir,
Martin Sonnet, Prêtre Parisien, et depuis Bénéficier de Notre-
Dame, composa par l'ordre de J. Fr. de Gondy, premier Archevêque de Paris, le *Directorium Chori, seu Cæremoniale sanctæ et
metropolitanæ Ecclesiæ ac diœcesis Parisiensis*, etc. *Lutetiæ*, 1656 ;
in-8°, de 584 pages. Ce livre est précédé d'une Préface pieuse
et érudite, sur les rites sacrés, et en particulier sur ceux de Paris. L'auteur rapporte les louanges que le poëte Fortunat (54), au
sixième siècle, donnait à saint Germain, qui en était évêque, et
au Clergé de son église, pour le bel ordre qu'on y voyait, la magnificence des ornements, l'exécution du chant des Psaumes et des
Hymnes sacrés.

L'ouvrage est divisé en cinq parties. La première traite de
ce qui concerne le chant de toutes les parties des Heures cano-
niales ; la deuxième, de ce qui appartient au chant de la Messe ; la
troisième, de la Psalmodie ; la quatrième, du chant de l'Epître et
de l'Evangile ; la cinquième est la seule qui ait pour objet les rites
et cérémonies ; mais cette matière est traitée bien succinctement,
parce que l'auteur renvoie aux Rubriques du Missel publié
en 1655. Voici ce que j'y ai trouvé de plus remarquable.

Dans le chapitre v de la seconde partie, l'auteur nous apprend
que l'on commença à chanter l'*O salutaris*, à l'élévation de la
sainte hostie, sous le règne de Louis XII. Ce Prince, voyant son
royaume attaqué de toutes parts par les puissances liguées contre
lui, eut recours à Dieu pour réprimer leurs efforts, et demanda
aux Evêques de France de faire chanter cette strophe à la

Messe. Quelques auteurs disent qu'on chantait aussi alors cette autre strophe :

O verè digna hostia,
Spes unica fidelium ;
In te confidit Francia,
Da pacem, serva lilium.

Et cela s'observe encore aujourd'hui, ajoute Sonnet, dans plusieurs diocèses de France. Aux Messes des Défunts, à l'élévation, on chante *Pie Jesu* trois fois dans la plupart des églises ; mais à Notre-Dame on ne chante rien.

Dans le chapitre vi, il dit que les Curés de la ville et de quelques paroisses du diocèse, selon l'ancienne coutume, mais contre la Rubrique du Missel, bénissent trois fois le peuple à la grand'-Messe, après l'*Ite Missa est*, en chantant à la manière des Evêques ; que quelques-uns pourtant chantent seulement *Benedicat vos*, et ne bénissent qu'une fois (55).

Au chapitre vii, il rapporte que sous le règne de Henri IV, tous les jours, après la grand'Messe, à l'église cathédrale, le Clergé étant à genoux, on chantait le Psaume *Exaudiat*, avec le Versicule, et l'Oraison *Quæsumus*. Après la mort de ce Prince, depuis environ l'an 1614, aux fêtes Doubles et au-dessus, on chanta en musique *Domine salvum fac Regem*, à cause des guerres civiles qui s'élevèrent pendant la minorité de son fils. Les jours de Semidoubles et au-dessous, on le chante une seule fois en manière de Versicule, et le Célébrant ajoute l'Oraison *Quæsumus* à la dernière Postcommunion. On suit la même pratique dans les grandes églises, où on le chante du cinquième ou du sixième ton. Mais dans celles où l'on ne fait pas l'Office canonial, le *Domine salvum* se chante après la Messe, avec *Gloria Patri* et *Sicut erat;* puis le ℣. *Mitte ei*, ou *Fiat manus*, et l'Oraison susdite.

Le chapitre xii de la troisième partie, traite de la concordance qui doit exister entre le commencement des Antiennes, et la terminaison de chaque verset des Psaumes et Cantiques. En lisant ce chapitre, on se convainc de plus en plus de l'attention constante que l'on a eue de retenir ce qui était consacré par le temps ; car quoique dans la suite on ait ajouté quelques terminaisons nouvelles dans la Psalmodie, elles s'accordent, ainsi que les Antiennes, avec les règles tracées dans ce livre. Ceux qui sont chargés de conduire le Chœur dans les différentes églises, gagneraient à les méditer.

Dans le chapitre xviii de la dernière partie, consacré aux Enfants de chœur, l'auteur remarque qu'on les choisit fort jeunes, afin qu'ils se forment de bonne heure aux rites sacrés et au chant ecclésiastique. D'habiles maîtres les exercent aux cérémonies de l'autel et du chœur, sans les perdre jamais de vue ; et ce long et fréquent exercice les rend tellement habiles en cette matière, qu'on a souvent recours à eux dans le doute, pour savoir ce qu'il faut faire.

Les orgues sont la matière du xixe. On ne les touche à Notre-Dame qu'aux fêtes Annuelles et Solennelles, et aux Doubles pour lesquels il y a une fondation ; et encore à Vêpres et à la Messe seulement, jamais à Matines ni à Laudes. A Vêpres, l'orgue ne se fait entendre qu'à l'Hymne, à la Prose *Inviolata*, qui se chante à la Station, et au *Benedicamus*. Pour la Messe, on touche l'Antienne de la sainte Vierge, pendant la Procession qui se fait autour du chœur ; le *Kyrie*, le *Gloria in excelsis*, la Prose, l'Offertoire, le *Sanctus*, l'*Agnus Dei*, et la réponse à *Ite Missa est*.

L'auteur avait eu souvent le dessein d'ajouter à son livre, en forme d'appendice, un chapitre sur plusieurs cérémonies particulières, observées dans certaines églises collégiales et paroissiales, parce que ces cérémonies avaient d'ailleurs quelque chose de raisonnable et de solennel. Il en avait même conféré avec des Maîtres des cérémonies qui l'avaient aidé de leurs conseils. Mais, tout bien considéré, il n'a osé rien mettre par écrit ; parce que, selon les Canons, auxquels se joint le consentement unanime et général des maîtres, les moindres églises doivent se conformer à l'église mère dont elles tirent leur origine, et que d'ailleurs ces rites particuliers sont incertains et douteux. D'où il conclut que toutes les églises sont tenues de se conformer à l'église métropolitaine et pour les cérémonies et pour le chant ; et sa conclusion est confirmée par un statut d'Eudes de Sully, évêque de Paris (*a*).

J. Fr. de Gondy, qui avait mis Sonnet à l'œuvre, était mort en 1654. Le cardinal de Retz, son neveu et son successeur, après avoir été enfermé à Vincennes et à Nantes, parvint à sortir de France. Ainsi le livre fut approuvé par les vénérables Doyen,

____

(*a*) Voyez le *Synod. Paris.* in-4° pag. 8.

Chanoines et Chapitre de l'Église de Paris, à qui l'auteur l'avait dédié. De plus, les Maîtres des cérémonies et Maîtres de musique de la même église, et deux Docteurs de la Faculté de Théologie, y joignirent leur approbation. L'ouvrage est recommandé comme très-utile, et même nécessaire à ceux qui exercent des fonctions ecclésiastiques dans le diocèse.

Après le *Directorium Chori*, Sonnet fit paraître, en 1662, un Cérémonial complet, sous ce titre : *Cæremoniale Parisiense, ad usum omnium Ecclesiarum collegiatarum, parochialium, et aliarum urbis et diœcesis Parisiensis, juxta sacros et antiquos ritus sacrosanctæ Ecclesiæ metropolitanæ Parisiensis;* un vol. in-8° de 666 pages. Il le dédia aux Curés de la ville; et il nous apprend, dans son Epître dédicatoire, qu'il fut pressé de composer ce livre par les avis et les instances unanimes de ces pasteurs, auxquels s'unirent les Vicaires-généraux du Cardinal de Retz, Archevêque de Paris. Il engage donc les Curés à faire pratiquer, dans les divins Offices, les seules cérémonies prescrites par l'Eglise, en abolissant tous les rites incertains, ou plutôt les altérations, les abus et les erreurs qui existeraient dans leurs paroisses. Le moyen qu'il leur propose c'est d'établir, chacun dans son église, un Ecclésiastique habile, zélé pour les cérémonies, et qui veille à leur exécution, comme il se pratique à Notre-Dame.

La base de son travail a été le Missel et le Bréviaire de Paris, et les autres livres du diocèse, et principalement les rites de l'église métropolitaine, qu'il s'est appliqué à étudier à fond depuis plusieurs années, ayant été élevé au rang de bénéficier de cette église. Dans sa préface, il montre d'abord l'antiquité des rites de Paris ; puis il explique la fin et le sens des diverses cérémonies, fait voir quelle précision et quel accord il faut mettre dans leur exécution ; et donne enfin le plan et la division de son livre.

Il a mis à la tête un traité qui contient en abrégé : 1° la signification des ornements ; 2° celle des cérémonies ; 3° les mystères de la Messe ; 4° les additions qui y ont été faites par les Apôtres et les souverains Pontifes ; 5° une exposition mystique de la Messe, selon l'ordre de la vie de Jésus-Christ, qu'elle représente. Quoique toutes ces explications soient tirées d'auteurs ecclésiastiques, il faut pourtant avouer qu'elles sont quelquefois forcées, ou prises dans des écrivains qui s'attachaient à des traditions douteuses, ou à des allégories mystiques peu fondées. Mais on découvre toujours

dans l'auteur le Prêtre pieux, zélé pour le culte divin et pour
la gloire de la maison de Dieu. Ces qualités se font remarquer
partout ; il n'y a point de chapitre qu'il ne fasse précéder d'un
texte de l'Ecriture adapté au sujet qui y est traité, et par là bien
propre à élever le cœur vers Dieu, tout en s'occupant de ce qui
est pour ainsi dire matériel dans l'exécution des cérémonies. Il y
insère aussi, rarement à la vérité, des réflexions de saints Pères
qui ont le même objet (a).

Comme ce Cérémonial a servi de fondement à celui que le cardinal de Noailles publia quarante ans après, ce serait un double
emploi que d'en faire l'analyse, puisque les cérémonies étant au
fond les mêmes, le nouveau Cérémonial n'a fait qu'y mettre plus
d'ordre. On y a retranché les digressions et réflexions superflues
dans un ouvrage didactique, et on l'a complété par l'addition de
détails nécessaires ou utiles, que Sonnet avait omis. Je me borne
à consigner ici quelques particularités, qu'il ne faut pas laisser
périr dans l'oubli.

Sonnet a vécu avec des personnes qui n'avaient pas vu sans peine
les changements opérés sous Henri de Gondy. On s'en aperçoit
à certaines réflexions piquantes qui lui échappent quelquefois.
Cela montre comment de bons esprits vont quelquefois jusqu'à
blâmer des usages qui contrarient leurs habitudes. Ainsi, au
chapitre xvii de la première partie, en parlant des diverses in-
clinations, il ajoute : « La génuflexion est une révérence nou-
» velle (b), introduite dans quelques nouvelles églises, et qu'ont
» inventée, quasi par ignorance, des gens qui, sous prétexte
» de plus grande dévotion, suivant la mode de ce temps, mettent
» absolument toute leur dévotion dans une génuflexion extérieure,
» croyant que l'inclination diminue le culte divin, et ravale la
» majesté de Dieu ; ce qui est faux, selon l'Ecriture sainte. Dans
» l'ancien Testament, tous adoraient en se courbant, comme on
» le voit dans une multitude de passages. C'est pour cela que, dès
» l'origine de l'Eglise, tous les Prêtres et autres Clercs faisaient
» toujours l'inclination dans les divins Offices, comme l'Eglise l'a-

(a) Par exemple, en traitant de la Psalmodie, ce texte de S. Augustin : « Cùm
» Deum laudatis, toti laudate : cantet vox, cantet vita, cantent facta. » *In Ps.*
148, *n.* 2.

(b) On a vu ci-dessus, pag. 9 et 10, que les anciens Missels ne marquent aucune
génuflexion, même avant et après la consécration et l'élévation.

» vait institué. Et on le voit encore aujourd'hui dans les rites ob-
» servés par tous les Enfants de chœur de toutes nos églises cathé-
» drales, collégiales et paroissiales du royaume, qui ne font jamais
» de génuflexion, même en présence du très-saint sacrement
» exposé, et à la Messe après la consécration ; mais toujours ou
» ils s'inclinent, ou bien ils font une révérence en ployant un peu
» les genoux. » L'auteur cite à l'appui de son assertion, tous les
anciens qui ont écrit sur les rites ecclésiastiques, (*Biblioth. PP.*
tom. x.) les antiques Missels de Paris et de toute la France ; l'u-
sage des Chartreux, qui n'ont jamais changé. Il ajoute : « Depuis
» que la génuflexion est prescrite dans le Missel aux ministres de
» l'autel, les Enfants de chœur ne la font pas même depuis la
» consécration, non plus que ceux qui entrent au chœur en ce
» même temps, à moins, quant à ceux-ci, que le très-saint sacre-
» ment ne soit exposé : car alors il est convenable que ceux qui
» entrent au chœur ou qui en sortent fassent la génuflexion, ex-
» cepté néanmoins ceux qui sont en chapes. » Cet usage est encore
en vigueur aujourd'hui.

Chap. xviii. A Notre-Dame, l'encensement du Chœur était
doublé chaque fois ; le Thuriféraire encensait d'abord les Chanoines dans les stalles hautes, en allant depuis l'ambon jusqu'au
sanctuaire ; puis il descendait dans le chœur pour encenser les
Chanoines Sous-Diacres et Minorés, les Bénéficiers et autres, qui
étaient dans les stalles basses.

Chap. xxiii. Le plus souvent les secondes Vêpres des fêtes,
même très-solennelles, se chantaient sous une seule Antienne.
Alors les Choristes se promenaient pendant les quatre premiers
Psaumes, en se découvrant seulement, sans s'arrêter, au *Gloria
Patri*, et ils ne revenaient à l'aigle qu'au *Gloria* du dernier
Psaume.

Le chapitre Ier de la première partie est consacré aux fonctions
du Maître des Cérémonies. Comme celles du Sacristain s'en rap-
prochent assez, l'auteur commence la deuxième partie par les
fonctions de ce dernier. Il entre dans tous les détails qui peuvent
être utiles aux ecclésiastiques qui remplissent ces offices pour
s'en acquitter dignement. La lecture de ces chapitres sera pro-
fitable à ceux qui auront le loisir de les étudier.

Au chapitre xii, en décrivant l'office du Prêtre asistant, il
observe que l'Eglise de France n'a point l'usage de ce ministre

à la Messe, si ce n'est pour les Evêques, qui sont assistés par leurs Chapelains ou Aumôniers. Mais comme la coutume de mettre un Prêtre assistant aux Messes solennelles des fêtes, et aux premières Messes des nouveaux Prêtres, commençait à s'introduire dans les paroisses, l'auteur expose ses fonctions selon le Cérémonial Romain, puisqu'il n'en est pas fait mention dans le Missel de Paris. L'usage étant établi à Notre-Dame, que le Doyen et le Chantre eussent, en officiant, un Prêtre assistant, il décrit ce qui se pratiquait dans cette église ; et cette pratique est la même qui subsiste encore. Il marque expressément que ce Prêtre ne prend point d'étole.

Le chap. xv parle des Enfants de Chœur. On leur rasait la tête avec le rasoir, tous les quinze ou vingt jours environ ; vingt-une fois dans l'année. On ne leur laissait qu'une couronne étroite de cheveux, qui régnait tout autour de la tête. L'auteur entre dans les plus menus détails sur la conduite de ces Enfants.

Dans le chap. xvii, en exposant ce qu'il faut faire à la première Messe d'un nouveau Prêtre, il fait ces deux remarques : 1° selon un usage antique et vénérable de l'Eglise de France, on chantait solennellement avant la Messe le *Veni Creator*, pendant lequel on encensait l'autel comme au jour de la Pentecôte. 2° Après la Messe, le nouveau Prêtre présentait d'abord le pouce et l'index de chaque main à baiser au Clergé rangé sur les degrés de l'autel, et imposait ensuite les mains à chacun, en disant : *Deus misereatur tui*, et on répondait : *Et benedicat tibi ;* ou bien le Prêtre disait : *Super ægros manus imponent, et bene habebunt:* ℞. *Amen.* Il faisait la même chose aux laïques au bord du sanctuaire ; et si le nombre était considérable, il faisait baiser chaque main séparément à deux à la fois, et les imposait de même. Cette coutume existe encore dans quelques diocèses.

IIIᵉ partie, chap. ii. Pour Noël, à l'élévation de la Messe de Minuit, avant l'*O salutaris*, deux Clercs chantaient gravement, *recto tono*, une fois *Noël*, et le Clergé le répétait deux fois de la même manière. L'auteur fait observer qu'il est permis à tout Prêtre de célébrer à sa volonté les trois Messes, même avant Laudes, et que pour cela il doit emporter trois pains avec lui, et le Servant du vin en quantité suffisante. Mais selon l'ordre de l'Eglise, et les statuts de la métropole, on ne doit commencer les Messes basses qu'après la consécration faite à la Messe solennelle de cette nuit. Aux secondes Vêpres, la mémoire de saint Etienne se faisait très-solennellement. Le Grand-Chantre, ou le premier Choriste, s'approchant du plus ancien Chanoine Diacre, ou à son défaut de celui qui faisait Diacre d'office, lui annonçait l'Antienne avec les saluts ordinaires avant et après. Ce Diacre l'entonnait, et le Chœur la continuait en contrepoint, d'une mesure lente et grave.

Chap. III. Le jour de saint Etienne, les Diacres remplissaient toutes les fonctions du Chœur, excepté celle de Sous-Diacre à la Messe. Le jour de saint Jean, les Prêtres faisaient la même chose ; mais un Diacre et un Sous-Diacre servaient à l'autel, à l'ordinaire. Le jour des Innocents, c'était le tour des moindres Clercs et des Enfants de chœur, qui remplissaient l'office de Choristes à Vêpres, puis à Matines, où ils chantaient les trois premières Leçons et tous les Repons ; ensuite à la Messe.

Chap. v. A la fête de la Chandeleur, le Célébrant va à l'autel en chape, avec le Diacre et le Sous-Diacre en dalmatique et tunique de couleur blanche ; et ayant bénit les cierges, le Diacre les lui présente afin qu'il les distribue au Clergé, en commençant par les plus dignes. Tous les reçoivent debout, en baisant d'abord la main du Célébrant, puis le cierge. Mais il paraît bien que c'était une coutume qu'on tâchait d'introduire, et qu'elle n'était pas établie, puisque l'auteur termine cet article en disant, que si la distribution des cierges n'est pas faite par le Célébrant, c'est le Maître des cérémonies, ou le Clerc de la fabrique, ou le Sacristain qui les distribue, selon l'ordre de chacun, au Clergé qui est dans les stalles (a). A la Messe, on conservait l'ancien usage de dire la Préface de Noël, et non celle de la sainte Vierge.

Chap. VII. Le Mercredi des Cendres, et les trois jours suivants, on se servait d'ornements rouges à l'Office et à la Messe ; on ne changeait de couleur qu'aux Vêpres du Samedi. A la bénédiction des cendres, le Célébrant avait l'étole noire. Il donnait les cendres avec une espèce de pinceau fait en crin (b) ; et on était en silence pendant qu'il les distribuait. L'Antienne *Exaudi*

(a) Le Missel de 1655 dit simplement qu'on les allume et qu'on les distribue au Clergé. Sonnet inséra, dans l'édition de 1666, la Rubrique de son Cérémonial ; mais elle n'a pu prendre racine.

(b) « Virgulis honestis, ad id expresse accommodatis, ex crine factis. » Le Missel n'en dit rien.

nos, avec le premier verset du Psaume *Salvum me fac*, se chantait avant la Procession.

Chap. VIII. Le Samedi qui suit, avant Vêpres, on couvrait toutes les images, les châsses des Saints, les croix, même celles des Processions, avec des étoffes violettes ou cendrées. On étendait un grand voile de même couleur entre le chœur et l'autel, pendant l'Office des jours de férie seulement, comme il se pratique encore à Notre-Dame. On ôtait toutes les tapisseries qui ornaient les églises, même les tapis de pied des autels.

Le 22 mars, le Clergé de toutes les églises de la ville et les Religieux se réunissaient à Notre-Dame, à huit heures du matin, pour aller en procession à l'église des Grands-Augustins, où le Chapitre de l'église métropolitaine chantait une Messe solennelle de la sainte Vierge, en mémoire de la réduction de Paris sous l'obéissance de Henri IV, à pareil jour en 1594. Le Parlement, les magistrats de la ville, et tous leurs officiers y assistaient. Cet usage a subsisté jusqu'en 1790.

Chap. IX. Pour la bénédiction des rameaux, l'auteur renvoie à la bénédiction des cierges ; mais l'ancienne coutume de distribuer les rameaux dans le chœur s'est maintenue.

Au chap. XII, il dit que le Jeudi-saint, en portant le très-saint sacrement au tombeau, on chante l'Hymne *Pange lingua;* ce n'était pas la coutume antique, car le Missel même de 1666 n'en fait aucune mention.

Chap. XIII. Au Vendredi-saint, il fait remarquer que la Monition et l'Oraison pour M. l'Archevêque ont été omises dans le Missel à l'impression, par inadvertance ; et il en donne le texte, approuvé en 1660 par les Vicaires généraux du Cardinal de Retz. Elles furent ajoutées au Missel, en 1666, par M. de Péréfixe. En rapportant l'hostie au chœur pour la Messe des Présanctifiés, on chantait le *Vexilla Regis* ou un Répons. Les Missels n'en disent rien. Après l'Office du matin on découvrait toutes les croix de l'église.

- Le chap. XXIV est employé à exposer ce qui est particulier aux fêtes des Saints dans le cours de l'année.

Le 4 Décembre, on célébrait à Notre-Dame la *Susception des saintes Reliques*, qui y avaient été transférées de l'antique basilique de Saint-Étienne, dans laquelle s'était tenu le sixième Concile de Paris, sous Louis-le-Débonnaire (56). Ces reliques étaient

renfermées dans une châsse que l'on portait souvent aux Processions. La fête des saintes Reliques fut ensuite étendue à tout le
diocèse, et en 1736 on la fixa au jour de l'Octave de tous les
Saints.

Le 19 Mars 1661, la fête de saint Joseph fut chômée pour la
première fois par le peuple. Louis XIV et la reine Marie-Thé-
rèse, sa femme, avaient témoigné le désir de la voir établir, par
leurs lettres du 12 de ce mois, adressées aux Vicaires généraux
du Cardinal de Retz; et ceux-ci accédèrent à la demande du
Prince, en l'établissant dans le diocèse par leur Mandement du
14 mars. Mais il paraît que la ferveur du peuple se ralentit bientôt; car on ne la trouve plus marquée au rang des fêtes chômées
dans le calendrier du Bréviaire de 1680.

Le 29 septembre, fête de saint Michel, l'encensement solennel
de l'autel, pendant l'Offertoire de la Messe, se faisait comme aujourd'hui.

Le 1er Novembre, aux Matines de la Toussaint, ceux qui chantaient les Leçons étaient désignés dans un ordre contraire à celui
qu'on suit ordinairement. Ainsi, le plus digne après l'Officiant
chantait la première, et on descendait graduellement pour les autres, jusqu'à la huitième qui était dévolue au moins digne ou au
plus jeune; le Célébrant lisait la neuvième. La couleur des chapes
pour les Répons variait aussi. Le rouge servait au 1er, qui était de
la Trinité; le blanc, aux 2e, 3e et 4e, qui étaient de la sainte Vierge,
des Anges, et de saint Jean-Baptiste; le rouge, aux 5e et 6e, qui
étaient des Apôtres et des Martyrs; pour le 7e, qui était des Confesseurs, on prenait le vert; le blanc, pour le 8e, qui était des
Vierges; le rouge au dernier, qui était de tous les Saints. A la
Procession, on portait les reliques, et elles restaient exposées à la
vénération des fidèles pendant la grand'Messe. Après les Vêpres,
en faisant la Procession aux autels, on chantait devant chacun
l'Antienne, le Versicule et l'Oraison du titulaire.

Chap. xxv. A la fête de la Dédicace, on allumait, comme on le
fait encore, douze cierges devant les douze croix marquées sur les
piliers que l'Evêque avait oints du saint chrême en consacrant
l'église; et pendant le *Magnificat* le Célébrant et son assistant al-
laient les encenser, en commençant par les plus proches de l'autel, et descendant jusqu'à la porte de l'église. Cet encensement

s'est conservé, quoiqu'il ne soit pas marqué dans le Cérémonial de 1703.

Pour les fêtes des Patrons, l'auteur fait remarquer qu'une Bulle de Grégoire XIII, de l'an 1573, oblige les Réguliers à célébrer l'Office solennel du Patron et du Titulaire du lieu, et les fêtes propres de chaque diocèse, comme à Paris saint Denis, saint Marcel et sainte Geneviève.

Dans la quatrième partie, au chap. 1er, il traite du mobilier de l'église, des ornements, de leur forme, et de leur mesure ou ampleur. Ce chapitre est utile à consulter. Parmi les nombreux détails qu'il renferme, j'ai observé ce qui suit.

Comme on gardait alors l'amict sur la tête pendant la Messe jusqu'à la Secrète, depuis la saint Denis jusqu'à Pâque, on pouvait l'orner de dentelles, et c'était la pratique de Notre-Dame ; elle a duré jusqu'en 1790.

Les burettes doivent être de verre ou de cristal, selon la Rubrique ; on ne permet les burettes d'argent que pour la grand'-Messe.

Il faut que la coupe du calice, étroite au fond, aille en s'élargissant jusqu'au bord, qui ne doit pas être recourbé. Les ornements du nœud seront disposés de telle sorte que le Prêtre puisse prendre le calice commodément, surtout quand le pouce et l'index sont unis (57).

La mode des pales dont le dessus était brodé, n'existait point à cette époque (58). L'auteur ne parle que de deux linges, entre lesquels on met un carton pour les soutenir, et une très-petite dentelle autour pour l'ornement.

Il veut qu'au fond des ciboires, il y ait quelque proéminence, afin qu'on puisse prendre plus facilement les hosties.

Au chap. III, en parlant de la forme et de l'agencement des autels, il fait remarquer que l'usage des grandes églises est de tenir des lampes ou des cierges allumés devant le très-saint sacrement, ou sept, ou cinq, ou trois, mais une lampe au moins (59).

Il se plaint, en termes énergiques, de ceux qui, sous prétexte d'orner les églises, y bouleversent tout. « Des gens de notre temps, » dit-il, en se mêlant de constructions, ont par ignorance, par » amour de la nouveauté, ou démangeaison du changement, trou- » blé et ruiné tout, dans l'ordre ecclésiastique. Beaucoup de laï- » ques, marguilliers, intendants ou économes des biens de l'église,

» ignorant les règles et la discipline, ont à leur gré, sans conseil
» des doctes, et sans ordre des supérieurs, presque tout détruit,
» rebâti et changé, depuis douze ans environ ; et ce qui crève le
» cœur, c'est que bien des ecclésiastiques, et même des supérieurs
» d'églises, passionnés pour la nouveauté, ont donné les mains à
» ces dépravations et à ces abus. »

L'auteur parle ensuite de la réserve du très-saint sacrement, et
de la manière dont elle était suspendue au-dessus du maître-autel
dans un vase doré, fait en forme de couronne, ou de crosse, ou de
colombe, etc. : coutume qui a persévéré dans l'église de Paris jusqu'en 1790.

Au chap. IV, il s'étend avec assez de détails sur la propreté de
l'église, du chœur, des chapelles, de la sacristie, et de tous les ob-
jets employés au culte divin. Ceux à qui est commis le soin de la
sacristie dans les églises, tireraient du profit de la lecture de ces
instructions.

Dans les Appendices qui terminent l'ouvrage, Sonnet donne
1º le texte des Statuts d'Eudes de Sully, sur le respect qu'on doit
porter au très-saint sacrement ; 2º un Mandement de Henri de
Gondy, du 7 mai 1619, touchant l'observation des cérémonies ;
3º une *Instruction pour les Sacristains,* extraite du livre intitulé,
Avertissement sur les cérémonies de la Messe, publié par le même
Evêque, et dont il a été parlé plus haut ; 4º divers statuts et ré-
glements du même Prélat, concernant les Prêtres, les Chapitres
et Bénéficiers ; 5º les statuts du Chapitre de l'Eglise de Paris, touchant les rites à observer au chœur, tels qu'ils furent renouvelés
en 1560.

A la suite il a placé une espèce de dissertation sur les rites propres aux diverses églises dans chaque contrée, et sur la variété
qui règne dans toute l'Eglise à cet égard. Il en conclut que cette
diversité a existé de tout temps, et qu'elle n'a jamais été improu-
vée ; et il apporte en témoignage des textes de saint Ambroise, de
saint Augustin, de saint Grégoire-le-Grand, de Fulbert de Chartres, etc. textes qui sont très-connus, et qui d'ailleurs ont été réu-
nis avec bien d'autres, par le savant Cardinal Bona, dans son
traité *De rebus Liturgicis,* lib. I, cap. VI.

L'auteur recueillit des approbations très-honorables de Docteurs,
Chanoines et Curés de Paris, et d'un professeur de Sorbonne. En
conséquence, les Vicaires généraux du Cardinal de Retz approu-

vèrent son Cérémonial par un Mandement exprès, qui est rapporté à la tête du livre ; mais quand le livre fut imprimé, ils donnèrent, le 11 janvier 1662, un nouveau Mandement, en français, dans lequel ils enjoignent à tous Doyens, Chanoines, Abbés, Prieurs, Curés, Vicaires, et Supérieurs d'églises, etc. de se servir des livres à l'usage du diocèse, qui venaient d'être réimprimés, et notamment du Cérémonial composé par maître Martin Sonnet, afin qu'il soit facile à toutes les églises du diocèse de garder l'uniformité, selon l'usage et les cérémonies de l'église de Paris, à laquelle elles doivent se conformer (a). Le livre avait été imprimé aux dépens de l'auteur, mais avec une telle négligence pour la typographie, qu'il a cru devoir en demander pardon au lecteur, et réclamer sa patience pour corriger les fautes.

Il serait superflu de s'étendre ici sur le Cérémonial de 1703, puisque le *Manuel des Cérémonies* auquel cette *Notice* est une sorte d'introduction, n'est que ce même Cérémonial traduit presque de mot à mot. Mais il y a, dans le chapitre préliminaire de ce livre, plusieurs remarques importantes sur les parties dont se composent la Messe et l'Office ; et ces observations doivent nécessairement trouver ici leur place. On les lira d'ailleurs avec intérêt.

La plupart des auteurs pensent que le mot *Missa, Messe,* vient du verbe *mittere,* et signifie la même chose que *missio, renvoi;* que néanmoins ce renvoi n'est pas tant le second, par lequel on permet aux fidèles de sortir de l'église quand les saints mystères sont achevés, que le premier renvoi qui se faisait jadis après la lecture et l'explication de l'Évangile, lorsqu'on commandait aux Catéchumènes, aux Energumènes, et aux Pénitents de sortir de l'église. Il reste encore un vestige de cet usage dans le Prône, où après avoir dénoncé certaines personnes comme excommuniées, on leur ordonne de sortir de l'église sur-le-champ (b).

Il s'ensuit que la Messe se divise avec raison en deux parties, dont la première est nommée Messe des Catéchumènes ; la deuxième, Messe des Fidèles. Cette dernière a trois parties : la première commence au Symbole quand on doit le dire, sinon à l'Offertoire, et va jusqu'au Canon ; la

----

(a) Le texte de ce Mandement est rapporté dans le livre *De Ritibus,* pag. 392 et suiv. Sur ce livre, et son auteur, voyez ci-après la note (9) pag. 62.

(b) Cet ordre se lit encore dans le Rituel de 1777.

seconde comprend le Canon; et la troisième la Communion avec les prières qui la précèdent et qui la suivent.

On appelait autrefois Messes *du matin*, celles qui se célébraient après la troisième heure du jour, à laquelle on disait Tierce; et Messes *du soir*, celles qui se disaient après la sixième heure, ou Sexte, les jours de petit jeûne, et après la neuvième heure, ou None, les jours de grand jeûne. De là vient l'usage qui s'observe encore aujourd'hui, en suivant non pas l'heure du jour selon l'ancienne manière de diviser les heures, mais suivant l'heure de l'Office canonial. Ainsi, dans les petits jeûnes, hors la semaine de la Pentecôte, la Messe de la Férie se dit après Sexte; et dans les grands jeûnes, comme est celui du Carême, après None, que l'on anticipe un peu avant midi.

Or, pour faire comprendre plus facilement ce que nous avons à dire sur chaque partie de la Messe, il ne faut jamais perdre de vue, que la Messe, tant des Catéchumènes que des Fidèles, est composée de lectures, de prières et de chant; et qu'autrefois dans les Gaules, avant le temps de Charlemagne, sous le règne duquel, l'ancien rite Gallican ayant été aboli, toutes les Eglises adoptèrent le rite de l'Eglise Romaine réglé par les saints Papes Gélase et Grégoire-le-Grand; les lectures, les prières et les parties chantées de la Messe étaient disposées dans un ordre différent de celui qui est maintenant en usage, et conçues parfois en d'autres termes. Il reste encore aujourd'hui bien. des vestiges certains de ce rite Gallican (*b*).

1° Suivant ce rite antique, on faisait à chaque Messe trois Lectures, outre quelques Actes des Martyrs qui se lisaient en certains jours. La première Lecture était de l'Ancien Testament; la deuxième, des Epîtres des Apôtres; la troisième, de l'Evangile.

A ces Lectures, qui étaient faites par un Clerc, un Sous-Diacre, ou un Diacre, il faut joindre certaines Monitions que le Prêtre même ou l'Evêque adressait, et adresse quelquefois encore, soit aux Catéchumènes avant de les baptiser, soit aux Clercs, Sous-Diacres, Diacres, Prêtres ou Evêques avant leur ordination.

2° Cet ancien rite avait un grand nombre de prières ou Oraisons, desquelles il n'est pas nécessaire de parler ici en détail. Il faut néanmoins que l'on sache, qu'après que le Prêtre, par ce mot *Oremus*, avait recommandé de prier, tous priaient en silence pendant quelques moments, se tenant debout les Dimanches, les fêtes, et durant le temps Pascal; à genoux les autres jours, selon la monition donnée par le Diacre en ces termes, *Flectamus genua*. Ensuite, tout le monde étant debout, le Prêtre

---

(*a*) L'usage de célébrer deux grand'Messes les jours de jeûne a subsisté en France jusqu'en 1790, dans les cathédrales et les collégiales.

(*b*) Voyez le P. Mabillon, *De Liturgia Gallic.* lib. III. Paris. 1697, in-4°.

concluait à haute voix l'Oraison, et tous la complétaient en chantant tout d'une voix *Amen*.

Ces prières se nommaient Collectes, Collections, Absolutions ou Bénédictions. Quant au mot *Amen*, le peuple l'employait encore à d'autres endroits de la Messe, comme après l'Evangile, et avant de recevoir l'Eucharistie.

Il faut aussi ranger parmi les prières ces actions de grâces solennelles que le Prêtre prononce à la Messe. On les appelait jadis *Immolation* ou *Contestation*; c'est aujourd'hui la *Préface* avant le Canon. Le Canon lui-même est une prière, ainsi que les formules en usage dans l'ancien rite Gallican.

5° Pour ce qui regarde le chant, si nous exceptons les Litanies ou *Kyrie*, le *Gloria in excelsis*, le Symbole, le *Sanctus*, l'Oraison Dominicale, et l'*Agnus Dei*; on ne chantait presque partout dans les Eglises que des Psaumes; et cela de quatre manières différentes.

Selon la première manière, le Lecteur commençait seul le Psaume. que tout le peuple continuait en chantant ensemble jusqu'à la fin. C'était ainsi que les fidèles d'Hippone chantaient les Psaumes, avant que saint Augustin leur en fît l'explication. De même aujourd'hui, dans l'Eglise de Paris, on chante le Symbole entier, non à deux Chœurs alternativement, mais tout le monde ensemble : de même encore, en cette Eglise, l'Introït, l'Offertoire et la Communion sont chantés par tout le Chœur ensemble à toutes les fêtes Doubles et au-dessus, et à tous les Dimanches *per annum* depuis Pâque jusqu'à la Septuagésime; et c'est pour cela qu'on les appelle Dimanches *in turba*. Au contraire, aux Dimanches depuis la Septuagésime jusqu'à Pâque, et à tous les Semidoubles et au-dessous, l'Introït, l'Offertoire et la Communion se partagent entre les deux Chœurs.

La seconde manière est de faire chanter un Psaume par chacun des deux Chœurs alternativement; et c'est maintenant l'usage de presque toutes les Eglises.

Selon la troisième manière, une seule personne récite ou chante le Psaume entier, pendant que les autres écoutent en silence. Cassien, dans ses *Institutions*, parle de cette pratique. De là le rite actuel du chant des Traits, qui tiennent lieu de l'*Alleluia* depuis la Septuagésime jusqu'à Pâque. Car alors le Psaume se chante, pour ainsi dire, d'un seul trait, sans interruption de verset, sans répétition d'antienne.

Enfin la quatrième manière a lieu lorsqu'un Chantre ou deux entonnent un Psaume, et en continuent les différents versets, et tout le peuple répond ensemble, en répétant toujours, après chaque verset, un verset déterminé du même Psaume. Eusèbe (a) rapporte un exemple très-cé-

_(a) Ce n'est point Eusèbe qui rapporte ce fait; il était mort avant le règne de

lèbre de cette pratique. Lorsque par ordre de Julien l'Apostat on transféra les reliques de saint Babylas, les Chantres marchaient devant, et chantaient le Psaume 96ᵉ : après chaque verset, le peuple leur répondait en chantant ce verset du même Psaume : « Qu'ils soient confondus tous » ceux qui adorent de vaines idoles, et qui mettent leur gloire dans » leurs simulacres. » Nous faisons de même encore aujourd'hui le jour de la Purification pendant la distribution des cierges; et même tous les jours à l'Office de la Nuit, lorsqu'après chaque verset du Psaume 94ᵉ, *Venite exultémus*, tout le Chœur reprend en entier ou en partie un verset appelé Invitatoire.

Telle est la première origine de l'usage des Répons et des Antiennes dans l'Eglise, usage qui par le laps du temps a souffert quelque changement : telle est celle des Antiennes qui précèdent ou qui suivent presque tous les Psaumes de l'Office du jour ou de la nuit, et même le Psaume de l'Introït, de l'Offertoire et de la Communion à la Messe : enfin celle des Répons après les Leçons des Nocturnes, et des Graduels qui se chantent après l'Epître. Dans tous ces chants, le Chœur et quelques Chantres se répondent en quelque sorte mutuellement.

Julien. Mais S. Jean-Chrysostôme, Théodoret, Sozomène, etc. l'attestent. Voyez Godescard, *Vies des Pères*, etc. au 24 janvier, S. Babylas.

NOTES.

Note (1) *pag.* 1. Voyez le Concile d'Agde, en 506, et les autres Conciles tenus en France au sixième siècle. — Grégoire de Tours, souvent cité par le P. Mabillon, *De Liturg. Gallic.* lib. I, cap. iii, iv, etc. —Bona, *De rebus Liturgicis*, lib. I, cap. xii. — *Expositio brevis Liturgiæ Gallicanæ*, publiée par Dom Martène, qui l'attribue avec fondement à saint Germain, Evêque de Paris. (*Thesaur. anecdot. novus*; Paris. 1717, tom. v, col. 85 et seq.) Le Père Le Brun, qui publia son *Explication des Cérémonies de la Messe* en 1716, n'a pas connu cette pièce; et Grancolas, qui écrivait dix ans plus tard, n'en fait aucune mention.—Krazer, *De antiquis Liturgiis*; sect. ii, cap. iv. Aug. Vindelic. 1786, in-8°.

Note (2) *pag.* 1. Walafrid. Strab. *De rebus Eccles.* cap. xxv. Cet auteur ne dit pas que cette variété existât de son temps, comme Bocquillot le lui attribue, mais qu'elle existait avant qu'on n'introduisit les usages romains.

Note (3) *pag.* 2. Il existe à Rome un exemplaire de ce Bréviaire, parmi les livres laissés au collége de S. Silvestre par le B. Cardinal Tomasi. Voyez le Bref de Benoît XIV à l'Archevêque de Messine, du 28 février 1747, sur le culte de S. Luc Casale. On peut aussi consulter le P. Papebroch, *Acta SS. Junii*; tom. IV, die 23, *in festo S. Agrippinæ.* — Joannes a Joanne, *De divinis Siculorum Officiis*; cap. xii; Panormi, 1736.

Note (4) *pag.* 2. Le roi saint Louis, au rapport de Geoffroi de Beaulieu son confesseur et son historien, récitait tous les jours l'Office divin avec son Chapelain, selon l'usage de Paris, et il le faisait célébrer de même dans sa chapelle, en quelque lieu qu'il fût. Les rois ses successeurs conservèrent cette coutume. A la Sainte-Chapelle de Paris, fondée par le saint roi; à celles de Vincennes, de Dijon, de Champigny au diocèse de Chartres, de Châteaudun, de Bourges; dans plusieurs collégiales, à S. Maclou de Pontoise, à S. Clément de Compiègne, et dans un grand nombre d'autres églises, on disait aussi l'Office selon le rite de Paris. Les actes de fondation le voulaient ainsi. On peut consulter Jean du Tillet, dans ses recherches sur les *Rois de France*, liv. 2. *Lib. de Ritibus*, part. II, ch. xvii; et Grancolas, *Comment. sur le Brév. Rom.* tom. I, pag. 64. Ce n'est guère qu'au commencement du dix-septième siècle, que l'usage Romain fut admis dans plusieurs de ces églises.

On sait que Louis XIII récitait habituellement l'Office divin, dans le Bréviaire du Cardinal Quignonez. L'exemplaire dont il se servait se trouve aujourd'hui à la Bibliothèque Mazarine.

Une pieuse princesse de la famille de saint Louis a, presque de nos jours, donné le même exemple. C'est la vénérable Marie-Clotilde de France, sœur de Louis XVI, et qui, devenue reine de Sardaigne, mourut en odeur de sainteté. « Elle avait pris l'usage, dit son historien, de réciter chaque jour l'Office divin, » à moins qu'elle ne fût grièvement malade. Quand elle n'était qu'indisposée, » ou elle le disait avec son Confesseur, ou bien celui-ci le récitait tout haut, et » elle s'y unissait avec beaucoup d'attention et de recueillement. Ce Confesseur » avouait même, qu'il n'avait peut-être jamais eu plus de dévotion en récitant » l'Office, que lorsqu'il l'avait dit avec la pieuse Reine. Et elle-même ne le réci-

» tait pas seulement de bouche; car, étant très-versée dans la langue latine, elle
» comprenait les sublimes expressions des Psaumes, la valeur des prières, et les
» enseignements qu'offrent les Leçons soit morales, soit historiques. Pour ne se
» point tromper, elle avait étudié les Rubriques tant du Bréviaire que du Missel;
» et elle les possédait si bien, que si, pendant la Messe, elle s'apercevait de
» quelque faute qu'eût faite le Célébrant, comme il arrive par distraction, elle
» l'en avertissait après, toutefois avec le respect et les égards convenables. Elle
» prenait en dégoût les Prêtres qui célébraient avec trop de précipitation, et qui
» montraient dans leur extérieur peu de retenue et de révérence. » (*Vita della
ven. serva di Dio Maria Clotilde*, ec. da L. Bottiglia, Postulatore; part. I,
cap. iv, pag. 22; part. ii, cap. ii, pag. 157. *Roma*, 1816, in-4.) La cause de sa
béatification est pendante depuis 1808.

Note (5) *pag.* 2. Ce Prélat mourut en 1492, la quarante-cinquième année de
son âge, et la vingtième de son épiscopat. Il assistait même à Matines, qui se
chantaient alors à minuit. Cet usage, interrompu sous le règne du roi Jean, à
cause des troubles du royaume, fut repris bientôt après, et se conserva jusqu'au
mois d'août 1790, où de nouveaux troubles le firent cesser, probablement pour
jamais.

Note (6) *pag.* 2. Le Bréviaire n'a point de titre. A la fin on lit : *Ordinarium
seu Breviarium Parisiensi Ecclesiæ accomodatum. Anno Domini* mccccixxix,
in Vigilia Annunciationis Dominicæ, ante Pascha. Deo gratias. Pour le Missel, avant la Messe du premier Dimanche de l'Avent, on a mis seulement : *In-
cipit Missale secundum usum Ecclesiæ Parisiensis.*

Note (7) *pag.* 2. On conserve dans la Bibliothèque de Sainte-Geneviève, une
édition du Bréviaire que l'on conjecture avoir été imprimée vers 1480. C'est un
volume petit in-8° presque carré; malheureusement il manque à la fin plusieurs
feuillets, sur lesquels doit se trouver la date. On peut toutefois l'inférer à peu
près de cette Rubrique placée avant l'Office de l'Annonciation : « Anno mcccvii, iv
» kal. Aprilis, Annunciatio Domini fuit in Vigilia Paschæ. Tunc in Capitulum Pari-
» siense fuit ordinatum, quod die Lunæ in crastino Octavæ Paschæ, fieret de An-
» notino; feriâ iv de Annunciatione, et feriâ v de S. Ambrosio... Ita etiam accidit
» anno Domini mccccixxiiii; et ita fuit factum ut dictum est. » Selon notre manière de compter ce serait 1475, parce qu'alors l'année commençait à Pâque.
Comme cette fête tomba le même jour en 1486, ce livre a dû être imprimé avant
cette dernière année, puisqu'il ne dit rien de ce qu'on y fit pour la même fête.
On trouve dans ce Bréviaire le *Speculum Sacerdotum* dont il est parlé pag. 3; et on
y a encore inséré plusieurs Messes, qu'on appelle *communes et familiares*, savoir,
de la Trinité, des Anges, du Saint-Esprit, du très-saint Sacrement, de la sainte
Vierge, de tous les Saints, de S. Sébastien, et des Défunts; après lesquelles sont
placés l'*Ordo Missæ* et le *Canon*, enfin la Messe de S. Roch. Comme le Missel
n'était pas encore imprimé, et que les manuscrits étaient dispendieux, il paraît
bien que, dans les petites églises, on disait le Dimanche la Messe de la Trinité,
et dans la semaine les autres dans l'ordre tracé ci-dessus. Au Mercredi était as-
signée la Messe des Défunts. D'ailleurs on n'avait point alors le moyen de se procurer des livres notés, et on savait par cœur le chant de ces Messes. La coutume
de les chanter subsiste encore dans les campagnes en plusieurs diocèses. Une
autre édition curieuse du Bréviaire fut publiée en 1500, deux vol. in 32, sous ce

titre : *Breviarium secundùm usum Parisiensem summa cum diligentia revisum, ac emendatum ; in Parisiorum academia impressum per Thielmannum Ker-ver, expensis honesti viri Symonis Vostre.* La partie qui contient l'Office de la Trinité à l'Avent se trouve, imprimée sur vélin, dans la Bibliothèque de l'Arse-nal. Le calendrier note les différences qui existent, pour l'Office, entre la cathé-drale et le reste du diocèse. On cite encore un Psautier imprimé en 1494, in-4°. Il ne s'en trouve aucun exemplaire dans les Bibliothèques que j'ai visitées.

Il existe aussi un Missel de Paris imprimé à Venise en 1487, un vol. in-8°. Il est conforme à la première édition de 1481, faite à Paris.

Note (8) *pag.* 3. J. le Munérat donna successivement plusieurs éditions du Missel. On en conserve encore de 1489, 91, 96 et 97. A la fin du Propre des SS. du Missel de 1481, on lit : *Orate pro Magistro Johanne* Le Munerat, *ordinatore hujus Missalis. Requiescat in pace. Amen.* La même prière est dans le Bréviaire.

Note (9) *pag.* 4. On ne se douterait pas que le Bréviaire Romain ait fait des emprunts à celui de Paris, si Gavantus n'en rendait témoignage. Ce savant Rubri-caire, après avoir parlé des grandes Antiennes *O*, qui se chantent les jours avant Noël, ajoute : « Præcedunt has Antiphonas aliæ ad Laudes, quasi præparatoriæ
» ad Majores, de quibus Amalarius (*lib.* IV, *cap.* XXX), ut renovemur, ait, paulò
» ante Nativitatem. Habebantur de his in Breviariis antiquioribus quædam
» Tabulæ Parisienses, cum hac Rubrica, ut scilicet, si festum occurreret,
» completis omnibus de festo, rursus dicerentur Laudes cum his Antipho-
» nis, et Psalmis ferialibus; quæ Tabulæ mutatæ sunt in Rubricam com-
» modiorem, quâ quinque Feriæ complentur; et quæ in die S. Thomæ occur-
» runt, in Sabbato collocantur. » (*In Rubr. Breviar.* sect. VI, cap. II, n. 5.) Sur quoi Sonnet fait cette observation : « A Paris, on disait deux fois Laudes, pour la
» révérence et la dévotion qu'on avait à ces Antiennes, et le Pape a ôté ces doubles
» Laudes, et a mis en la Rubrique qu'on ne les dirait qu'une fois. Voilà ce que
» Gavantus appelle une Rubrique *plus commode.* » Il poursuit : « Sur ces mots
» de nos anciennes Tables du Bréviaire de Paris, *Completis Laudibus de festo,*
» *rursus dicerentur Laudes cum his Antiphonis, et Psalmis ferialibus,* il faut
» remarquer qu'anciennement on disait toujours le Bréviaire *de Dominica et*
» *Feriis,* et on ne le disait point des Saints. Mais, dans la suite des temps, le
» Clergé et les fidèles se voyant convertis à la foi par le sang des Martyrs, eurent
» une si grande dévotion auxdits Martyrs, qu'ils commencèrent à chanter l'Office
» en leur honneur le jour de leur martyre, sans pour cela ôter ni diminuer l'Of-
» fice ordinaire dominical, ou férial : on chantait deux Offices, d'où vient encore
» le mot duquel nous nous servons aujourd'hui, *Officium Duplex...* Et dans les
» siècles suivants, il y eut tant de Martyrs, (et même on y admit des Confesseurs
» et des Vierges, et autres) que le Clergé et le peuple se trouvèrent chargés de ces
» deux Offices quasi tous les jours : on ordonna donc que quand il arrive l'Office
» d'un Saint, on quitterait l'Office férial; et le mot *Duplex* nous est toujours
» demeuré, quoiqu'on ne fasse plus deux Offices. On a toutefois réservé certains
» jours, desquels on fait toujours l'Office ou mémoire en quelque fête que ce soit,
» comme les Dimanches, les féries majeures de l'Avent, du Carême, et des Qua-
» tre-Temps; et dans ces féries du Carême et des Quatre-Temps, quand il y a
» l'Office d'un Saint, on dit deux Messes. Et une marque de cette antiquité,

» c'est ce qui se pratique encore exactement en l'Eglise de Paris, en certaines
» fêtes des saints Patrons de quelques églises de la ville et faubourgs d'icelle,·
» lorsque le Clergé y va processionnellement en chantant, y dire Tierce, la grand'-
» Messe et Sexte; et revient aussi processionnellement en chantant, ayant chanté
» au chœur, auparavant que de partir, tout l'Office canonial du jour entier,
» comme si on ne devait point faire de Procession; et quelquefois on commence
» Prime à quatre heures, ou à cinq et à six heures, selon la longueur du chemin. »
Ceci s'observait encore avant 1791, à l'église métropolitaine.

« Les Répons de l'Office des Défunts ont été composés par Maurice de Sully,
» Evêque de Paris, mort en 1196; et l'Eglise Romaine et les autres les ont pris
» de notre Bréviaire, dit encore Sonnet. » Gavantus le rapporte (*in Rubr. Brev.*
sect. ix, cap. ii, n. 2.) sur l'autorité de saint Antonin.

Walafride Strabon est un témoin plus ancien. « Et quia Gallicana Ecclesia vi-
» ris non minus peritissimis instructa, sacrorum Officiorum instrumenta habebat
» non minima, ex eis aliqua Romanorum Officiis immixta dicuntur, quæ plerique
» et verbis et sono se a ceteris cantibus discernere posse fateantur. » *De rebus*
Eccles. cap. xxv. Cet auteur est mort en 849.

Le livre dont je tire ces témoignages est intitulé : *De Ritibus liber, in quo de*
sacris Ecclesiæ cæremoniis, et de Breviario et Missali diœcesanis; in-24, de
557 pages, plus les tables, sans nom d'auteur ni de lieu, ni date d'année. On a arra-
ché le frontispice de l'exemplaire que j'ai consulté, et je ne connais le titre que
par le Catalogue latin de la Bibliothèque de Le Tellier, Archevêque de Reims,
où il est inscrit à la première colonne de la page 210. L'abbé Lebeuf (*Hist. du*
dioc. de Paris, tom. XV, pag. 335) attribue ce livre à Martin Sonnet, d'abord
Chanoine de Champeaux en Brie, en 1635, puis Bénéficier de Notre-Dame, qui
est auteur de deux Cérémoniaux décrits ci-dessus pag. 43 et suiv. Ce livre fut imprimé vers 1667. Il est divisé en deux parties; la première, qui traite des rites
en général, renferme, en douze chapitres, les autorités de l'Ecriture, des Pères, et
des théologiens, pour montrer leur importance et leur antiquité. La deuxième a
trente-un chapitres, employés à exposer l'origine et l'obligation du Bréviaire; la
source des variétés qui existent dans les Offices parmi les diverses Eglises, les ré-
formes qu'on y a faites. L'auteur montre ensuite que Pie V n'a pas voulu obliger
les Eglises particulières à abandonner leur liturgie, quand elle remontait à plus
de deux siècles; et à ce propos il entre dans le détail sur les anciens Bréviaires
et Missels de Paris, il indique leurs différentes éditions, il rapporte des actes et des
autorités, entre autres la délibération du Chapitre en 1583 pour appuyer le
maintien des usages antiques. (Voyez la note suiv.) Sonnet mourut en 1679. Grancolas, dans son *Commentaire sur le Bréviaire,* s'est beaucoup servi de ce livre.

NOTE (10) *pag.* 4. Attentâ antiquitate Breviarii et Missalis Parisiensis, ex De-
cretali novissimi usûs Romani permissa; deinde cæremoniis ac ritu, in quibus Ecclesia Parisiensis præ ceteris Galliæ, atque adeo totius ferè orbis christiani Ecclesiis hucusque claruit, et ab omnibus videntibus et audientibus in summa admi-
ratione, non sine gloria Dei, habetur; multis denique aliis considerationibus :
ex parte DD. Decani et Capituli deputati essent ex ipsis, qui deliberationem re-
ferrent ad dictum Rev. D. (Episcopum) ipsumque rogarent veterem usum istis de
causis in sua Ecclesia continuari. *Ex actibus Eccles. Paris. seu ex Registr. ven.*
Capituli ejusdem Eccl. die Mercurii 11 mensis Maii 1583.

Note (11) *pag.* 9. La coutume de présenter les offrandes du Clergé et du peuple après l'oblation du calice, persévéra encore long-temps après. Elle était en vigueur lorsque Sonnet publia son Cérémonial en 1662; et on eut bien de la peine à établir qu'elle se fît aussitôt après la lecture de l'Offertoire, avant l'oblation de l'hostie.

Note (12) *pag.* 9. Il y a une Préface propre pour la Dédicace, et une pour la Messe du Mariage, la même que nous disons encore.

Note (13) *pag.* 9. On lit cet avis dans les *Cautelæ Missæ*, avant le Canon : « Consulimus ut Canonem Presbyter memoriter sciat, quia devotius dicitur: » semper tamen liber habeatur, ut ad ipsum recurratur. »

Dans le Missel de 1516, les Rubriques *de Defectibus* ne sont pas à la suite des autres avant le Canon. On les a placées à la fin du Propre des Saints, et à la suite on lit ces vers :

> O felix mortale genus, si semper haberet
>
> Æternum præsentem Deum, finemque timeret.
>
> Nam erras, si speres quod te plus diligat hæres
>
> Sub terra positum, quàm mente diligas ipsum.
>
> Hoc est nescire, siue Christo plurima scire.
>
> Si Christum bene scis, satis est, si cetera nescis.
>
> Quisquis in hoc presso divina volumine tractas,
>
> Pro directore te rogo funde preces.

Les deux derniers vers se lisent dans les Missels de 1491 et 1496.

Le goût de la poésie s'est étendu jusqu'au Calendrier, surtout dans les Missels du seizième siècle. Auparavant on s'était borné à esquisser d'un seul mot, ou en deux ou trois au plus les usages de chaque mois. Ainsi dans le Calendrier de 1489, et dans les suivants, on lit en tête de Janvier, *Poto*; en Février, *Ligna cremo*; en Mars, *De vite superflua demo*; en Avril, *Do gramen gratum*; en Mai, *Michi flos servit*; en Juin, *Michi pratum*; en Juillet, *Spicas declino*; en Août, *Messes meto*; en Septembre, *Vina propino*; en Octobre, *Semen humi jacto*; en Novembre, *Michi pasco sues*; en Décembre, *Michi mucto*.

Au bas de la page, on rappelle les principaux Saints du mois, en deux vers, où souvent on s'est borné à une syllabe du nom, afin que tous pussent trouver place. Dans les deux vers de Janvier qui suivent, j'ai mis en caractère italique ce qui doit être suppléé pour avoir le nom dans son entier.

Circumsio, Geno*vefa*, Janus, E*pyphania*, sibi Guil*lelmus* dat et Hy*larius*, Fe*lix*, Mau*rus*, Marcel*lus*, Sul*pitius*,

Prisca, Fab*ianus*, Agnes, Vicentius, Paulus, Julianusque, Batil*dis*.

A la suite des vers indiquant les Saints de Février, on a mis en un seul vers la manière de connaître par quelle lettre (Dominicale) commence chaque mois :

> A. dan. de. ge. bat. er. go. ci, fos. a. dri. fos.

Après, viennent trois autres vers, pour indiquer comment on trouve l'année bissextile :

> Quadrentur Domini per partes quattuor anni.
>
> Si nichil excrescat, bissextum regula monstrat.
>
> Posteriori die celebrantur festa Mathiæ.

Le Missel de 1481 n'a rien en tête du Calendrier, non plus que le Bréviaire de 1492; mais les vers des noms des Saints, se trouvent au bas de chaque mois. Dans le Bréviaire, on lit à la première page les trois vers suivants:

> Adventus sponsos differt ; Felix quoque confert.
>
> Septuagena vetat ; Pasche lux nova relaxat.
>
> Letania vetat ; sed trinum Numen adunat.

On voit par-là, que le temps prohibé pour les mariages s'étendait alors plus loin qu'aujourd'hui. Le mot *Felix* indique le 14 Janvier, auquel tombait la fête de ce Saint.

Dans le Missel de 1504 et dans les suivants, jusqu'en 1557, un vers ou un hémistiche caractérise le mois :

> Pocula Janus amat, — et Februus algeo clamat.
>
> Martius arva fodit ; de vite superflua demit.
>
> > Aprilis florida nutrit.
>
> Ros et flos nemorum Maio sunt fomes amorum.
>
> Dat Junius fena ; — Julio resecatur avena.
>
> Augustus spicas, — September conterit uvas.
>
> Seminat October ; — spoliat virgulta November.
>
> Quærit habere cibum, porcum mactando, December.

Après les vers qui indiquent les Saints, quatre autres donnent des préceptes d'hygiène pour chaque mois. On peut douter que l'École de Salerne les avouât tous.

En Janvier :

> In Jano claris calidisque cibis potiaris,
>
> Atque decens potus post fercula sit tibi notus.
>
> Lædit enim medo tunc potus uti bene credo.
>
> Balnea tutius intres, et venam findere cures.

En Février :

> Nascitur occulta febris Februario multa.
>
> Potibus et escis si cautè minuere velis,
>
> Tunc cave frigora : de pellice funde cruorem.
>
> Suge mellis favum, pectoris morbos qui curabit.

En Juillet :

> Qui vult solamen Julio hoc probat médicamen :
>
> Venam non scindat, nec ventrem potio lædat ;
>
> Somnum compescat, et balnea cuncta pavescat.
>
> Prodest recens unda, allium cum salvia munda.

En Octobre :

> October vina præbet cum carne ferina.
>
> Necnon avicina caro valet et volucrina :
>
> Quamvis sint sana, tamen est repletio vana,
>
> Quantum vis comede, sed non præcordia læde.

Ces citations suffisent. Il y en a que je ne transcris point, parce que les expressions sentent un peu trop la naïveté de nos bons aïeux.

Note (14) *pag.* 11. Dans un Missel manuscrit du treizième siècle, la Messe

se termine ainsi : « Lavet manus suas in piscina; erigat se, et cum calice et pa-
» tena signet se; et postea benedicat populum dicens : *Adjutorium nostrum,* etc.
» His itaque finitis, inclinet se Sacerdos ante altare, dicens : *Placeat tibi sancta*
» *Trinitas,* etc. » sans aucune mention de l'Evangile de saint Jean.

NOTE (15) *pag.* 11. Cet Evangile se lisait autrefois à Rome ce même Dimanche, comme on le voit par un très-ancien calendrier de l'Eglise Romaine, publié par le P. Martene, dans le tom. V de son *Thesaur. anecdot.* pag. 63 et suiv.
Beaucoup d'autres Evangiles sont indiqués dans ce calendrier, aux mêmes jours
que dans nos Missels du quinzième siècle. Le savant Bénédictin prouve la haute
antiquité de cette pièce, parce qu'on n'y voit marquée d'autre fête de Pape que
saint Silvestre. La Purification et l'Assomption sont les deux seules fêtes de la
sainte Vierge dont il y soit fait mention; et il n'y a aucun Saint dans le Carême.

NOTE (16) *pag.* 12. Elle fut ajoutée en 1666, sous M. de Péréfixe.

NOTE (17) *pag.* 12. Il paraît que la faute qui est dans nos Processionnaux
actuels vient de celui de 1550, où l'Antienne se termine du quatrième ton.

NOTE (18) *pag.* 12. C'était le lieu de la sacristie où se gardaient les vases
sacrés. Voyez Du Cange, *Gloss. mediæ et inf. Latinit.* à ce mot.

NOTE (19) *pag.* 13. C'est de là sans doute qu'est venu l'usage de faire cette
bénédiction dans la sacristie, ou dans le vestibule de l'église.

NOTE (20) *pag.* 13. On sait que, dans le Missel Romain, il y a toujours eu
douze Leçons à cet Office.

NOTE (21) *pag.* 13. On donnait ce nom à l'anniversaire du Baptême, qui se
célébrait après l'an révolu, pourvu que ce ne fût point en Carême : ce qui ordinairement le faisait remettre au jour d'après l'Octave de Pâque, c'est-à-dire au
Dimanche de *Quasimodo,* ou au lundi suivant. Voyez le *Glossaire* de Du Cange,
tom. V, et le Supplément de D. Carpentier, tom. III, au mot *Pascha annotinum.*

NOTE (22) *pag.* 15. On lit dans le Calendrier, au 20 : *Hic cadit festum*
S. Bernardi; sed transfertur propter Octavam.

NOTE (23) *pag.* 16. Voyez ci-dessus la note (7).

NOTE (24) *pag.* 16. Dans le Missel de 1511, on trouve une Messe, *In festo*
Recollectionis festorum B. Mariæ. On a mis dans celui de 1585, les Messes des
Reliques de la Sainte-Chapelle, des Joies de la sainte Vierge, de S. Gabriel, de
l'Ange gardien, de S. Job, Confesseur et Prophète, de S. Hilaire et de sainte Radegonde, de S. Lazare, Evêque et Martyr. Ce Saint est même indiqué dans le
calendrier au 2 septembre, dans le Missel de 1557, Double à Notre-Dame, mais il
n'a pas de Messe à ce jour dans le Propre des Saints. Il fut inséré dans le Calendrier, avec une Messe propre, en 1615.

NOTE (25) *pag.* 18. On trouve à la tête du Bréviaire de 1479, *Oratio præ-*
ambula Nicolai Clemengii ad canonicum servicium septem Horarum; et on
y a joint, dans celui de 1492, *Devota protestatio coram Deo, a D. Petro de Al-*
liaco Cardinali Cameracensi.

NOTE (26) *pag.* 18. On ôta, en 1584, ces Psaumes de surcroît, ainsi que
les deux du Dimanche.

NOTE (27) *pag.* 19. Gavantus dit qu'il n'a point lu chez les anciens les Antiennes à la sainte Vierge. Elles se trouvent dans un Bréviaire imprimé à Venise

en 1521. Jean de Parme, dans une lettre écrite en 1249 aux Frères Mineurs dont il était général, parle de la coutume qu'avaient ces Religieux de chanter ces quatre Antiennes après Complies. Wading (*Annal. Min.* hoc anno, n. 2.) rapporte cette lettre. Voyez Gavant. *in Rubr. Breviar.* sect. v, cap. xxii, n. 5.

NOTE (28) *pag.* 20. Ce *Sermon sur le Symbole* est la seconde pièce de l'Appendice du tome VIII des OEuvres de S. Augustin. La Leçon du Bréviaire est tirée du chap. xi, et les vers Sibyllins du chap. xvi. Ces vers sont encore cités par le saint Docteur *De Civ. Dei*, lib. xviii, cap. xxiii. Ils sont en forme d'acrostiche, dans le grec, et une lettre commence chaque vers. On a tâché d'imiter cette forme dans des traductions latines. Voyez Eusèbe, *De Vita Constantini, Or. ad SS. cœtum*, cap. xviii. — *Biblioth. Patrum*, tom. II, pag. 521. On n'a inséré ces vers que dans le Bréviaire de 1492, fait pour le chœur; il n'en est pas fait mention dans les autres. On voit, par un Canon du concile de Narbonne, tenu en 1609, qu'on les lisait encore à cette époque, puisqu'on défend cette lecture. Ce Canon est à Prime de la Vigile de Noël, dans le Bréviaire de Paris.

NOTE (29) *pag.* 22. L'usage de ne dire à Matines que trois Psaumes et trois Leçons, durant le temps Pascal, est ancien dans beaucoup d'églises, et notamment à Paris. On le trouve autorisé dans une Bulle d'Innocent IV, qui après avoir en 1253 fixé la fête de S. Pierre de Vérone, Martyr, au 29 avril, prescrit, l'année suivante, son Office à neuf Leçons, en ajoutant : « Illi verò qui non » consueverunt, Paschali tempore, festum aliquod cum novem Lectionibus ce-» lebrare, juxta mores et modum suum solitum de Martyre ipso agant. » Cette Bulle est du 8 août 1254. Voyez les *Acta SS. April.* tom. III, pag. 703.

NOTE (30) *pag.* 26. Cet usage n'est point particulier à Paris. Je l'ai trouvé dans un *Manuel* à l'usage de Sens, qui date du commencement du seizième siècle.

NOTE (31) *pag.* 27. Le Manuel de 1552 donne l'ordre des fiançailles. Le Prêtre, après les interrogations ordinaires sur la liberté, sur les vœux, le consentement des parents, demande séparément aux parties la promesse du futur mariage; puis leur dit : *Ego affido vos*, etc. et fait sur eux l'aspersion d'eau bénite. Les bans doivent être publiés par trois dimanches, ou jours de fête divisés, entre les fiançailles et le mariage.

NOTE (32) *pag.* 27. Comme, depuis le Concile de Trente, il y avait stricte obligation de publier les bans, cette admonition, dans le *Manuel* de 1581, est conçue presque dans les mêmes termes qu'aujourd'hui, et on déclare excommuniés ceux qui ne révéleraient pas les empêchements venus à leur connaissance.

NOTE (33) *pag.* 28. Dans le Missel de 1585, on a inséré aussi la Messe *pro Sponso et Sponsa* du Missel Romain; mais il n'est pas prescrit de la dire à la place de l'ancienne, qui est à la suite avec toute la cérémonie décrite ici.

NOTE (34) *pag.* 31. Ces Messes sont dans les Missels actuels de Sens, de Rouen, et de Beauvais. J'ai assisté à un anniversaire, dans lequel après avoir chanté les Vigiles entières, les Laudes, les Commendaces avec le Ps. *Beati immaculati* tout entier, les trois Messes furent célébrées solennellement. Cet Office, commencé à huit heures du matin, ne finit que vers une heure.

NOTE (35) *pag.* 34. Cette cérémonie remonte à une haute antiquité, puisqu'il en est fait mention dans les Constitutions apostoliques, lib. viii, cap. xi. « Unus

» Hypodiaconus ministrat aquam Sacerdotibus ad lavandas manus, quod est si-
» gnum puritatis animarum. » L'Eglise de Paris l'a pratiquée depuis le quatrième
siècle, selon ce qui est marqué dans la Vie de saint Marcel, écrite par Fortunat.
Ce Saint, n'étant que Sous-Diacre, et remplissant, un jour de l'Epiphanie, son
ministère à l'autel, versa, sur les mains de l'Evêque, de l'eau puisée dans la
Seine, et cette eau se trouva changée en vin. Un autre jour, comme il exerçait la
même fonction, l'eau qu'il versait exhala une telle odeur de parfum, que l'E-
vêque fut obligé de se laver une seconde fois les mains avec d'autre eau. Voyez
la quatrième Leçon de S. Marcel, au 2 novembre, dans le Bréviaire.

Note (36) *pag.* 34. Cette chape, appelée *Soc*, avait une forme particulière.
Eudes de Sully, mort en 1208, en parle dans ses Statuts.

Note (37) *pag.* 35. Ce livret n'est dans aucune des Bibliothèques publiques de
Paris. Sonnet en donne quelques extraits dans son Cérémonial.

Note (38) *pag.* 35. On a vu (pag. 4, et note 10) qu'en 1584, le Chapitre de Paris
s'était opposé à la substitution qu'on voulait faire du Bréviaire Romain à celui du
doicèse. Les corrections qu'on fit à ce dernier en 1617, pour le rapprocher du Bréviaire Romain, donnèrent encore lieu à des réclamations. Un contemporain, André
du Saussay, alors Prêtre, et depuis Grand-Vicaire de Paris, ensuite Evêque de
Toul, en parle dans ses *Notæ in Breviarium Parisiense.* 1631; 50 pag. in-4º. Ces
notes n'existent pas dans les bibliothèques que j'ai visitées; mais le livre *De Ritibus,* en donne quelques courts extraits. « Qui Breviarium Parisiense recensuere,
» dit du Saussay, (*Observ.* xix) nimio in multis studio Romanum æmulati sunt ;
» nimirum in ipsis rebus, quibus proprium Parisiensis Ecclesiæ ritum, non modò
» æquum sed et necesse erat propagare illibatum... Breviarium procuderunt, quod
» nec Romano consonat, nec Parisiensis, cujus præfert titulum, specimen exhi-
» bet; tantum abest ut rem ipsam exerat, cujus typum prodit. » Les choses dont
il se plaint, sont la suppression de la plupart des rites propres à Paris; la substitution, dans le calendrier, de Saints inconnus en France, aux Saints tutélaires
du diocèse; l'introduction de certaines Oraisons moins convenables que celles
qu'on a supprimées, etc. Du Saussay paraît avoir fait ces notes pour une nouvelle
édition du Bréviaire alors projetée, et pour laquelle l'Archevêque J. F. de Gondy
donna un Mandement en 1634 ; mais elle ne fut imprimée qu'en 1640 in-fol.

Un autre écrit, dont on trouve des extraits dans le même livre, est intitulé :
*Animadversiones in Romanum Breviarium et Missale quæque ad illud Galli-
cana formantur.* 1633. En voici quelques traits : « Romanæ diœceseos ritum,
» cæremoniasque, et ipsas precandi formulas, post Tridentinum concilium, pas-
» sim per reliquas reipublicæ Christianæ diœceses institui videmus. Sacerdotes
» Ecclesiis præpositi multi, non satis memores suæ dignitatis, dum alienam et
» peregrinam ambiunt, propria sacra antiquissima commutant, ut novos mores,
» magnâ Christianæ plebis offensione, inducant. Unitatis sanctissimum nomen
» obtendunt, quam intelligimus omnes in mentis animique consensione, in ejus-
» dem fidei communione, in contesseratione fraternitatis, caritatisque conspira-
» tione positam esse, non in definito vocularum numero consistere. Admittit et
» unitas elegantiam ornatumque varietatis ; nec minus una est Ecclesia, quod di-
» vitias habet ampliores. Per omnes gentes sparsa fides suum a singulis testimo-
» nium reposcit; eoque cumulatior est, qui religioni tribuitur, honos, cùm a
» pluribus suo modulo, propriæque diœceseos ritu unâ omnium mente defertur...

» Ita, qui nihil frequentius, quàm novitatem et mendacium, adversariis obji-
» ciunt, antiquitatem atque veritatem ne publicis quidem in precibus retineri
» volunt. Iniquissimi verò sunt, qui suam unam precandi formulam omnibus re-
» gionibus atque gentibus præscribunt,... et traditam a majoribus ut alienam
» aversantur. » Du reste, ce sont à peu près les mêmes plaintes que fait Du
Saussay, sur les changements du calendrier, sur la suppression de prières en
usage depuis des siècles, sur les corrections faites à des Leçons et Oraisons très-
anciennes, en 1568, et notamment en 1602 sous Clément VIII. L'auteur en cite plusieurs exemples assez notables, et il conclut par exciter ceux qui sont zélés pour
la dignité de l'Eglise, à prendre garde « ut quas vident atque sentiunt insidias
» vitent, et optimos ritus patrios, acceptas a majoribus cæremonias, probatamque
» formam Deo supplicandi ne temere dimittant. »

Ces remarques sont écrites d'un ton d'amertume qui nuit à leur effet. Sonnet,
en les citant, (*De Ritibus*, pag. 342 et seq.) aurait dû en faire l'observation.

Note (39) *pag*. 35. Je n'ai pu trouver ce Missel. Il ne doit pas différer de celui
de 1615, à en juger par l'édition de 1655 dont il a été la base.

Note (40) *pag*. 36. L'Oraison *Visita*, ne se trouve ni dans les Bréviaires, ni
dans les Ordres monastiques un peu anciens, si ce n'est chez les Chartreux, qui récitent les Complies dans leurs cellules, et hors de l'église. Chez d'autres Religieux
on la disait pendant qu'on faisait dans le dortoir l'aspersion de l'eau bénite.
Voyez Grancolas, *Comment. sur le Brév. Rom.* tom. I, pag. 260 et suiv.

Note (41) *pag*. 38. « M. de Péréfixe, voyant qu'il restait peu d'exemplaires de
» la dernière édition du Bréviaire de Paris, choisit plusieurs personnes savantes,
» auxquelles se réunirent des députés du Chapitre, pour travailler à la réforme
» de l'ancien Bréviaire. La première assemblée des commissaires se tint à l'arche-
» vêché le 31 juillet 1670. M. de Harlay, successeur de M. de Péréfixe, fit conti-
» nuer ce travail, et joignit aux anciens commissaires M. L. de Benjamin, son
» grand Vicaire et Official, M. Loisel, chancelier de l'Eglise de Paris et Curé de
» S. Jean, et M. Gault aussi son grand Vicaire. Les commissaires s'adressèrent
» aux principales Eglises du royaume, et même hors du royaume, et à Rome au
» Cardinal Bona, pour avoir des lumières pour la perfection de leur travail, qui
» fut achevé et le nouveau Bréviaire publié l'an 1680. Il parut aussitôt des cri-
» tiques en forme de Remarques sur ce nouveau Bréviaire, auxquelles il fut fait
» une bonne réponse. » Note manuscrite de l'abbé Reverdy, Vicaire-Général
d'Angoulême sous M. de Broglie, qui occupa ce siége en 1754.

Note (42) *pag*. 38. Il cite le concile tenu à Paris en 1528; cap. xxi.

Note (43) *pag*. 39. Il est remarquable que dans la première édition du Martyrologe, en 1490, on lise à ce même jour : « Natalis S. Dionysii, Episcopi et
» Martyris, qui post clarissimam confessionem fidei, post gravissima tormento-
» rum genera glorioso martyrio coronatus est, ut testatur Aristides Atheniensis. »
Au 9, saint Denis de Paris est dit envoyé par saint Clément; mais on le distingue
de l'Aréopagite, tandis que dans les Bréviaires du seizième siècle on le confond
avec lui.

Un Martyrologe de l'église cathédrale de la Sainte-Trinité de Dublin en Ir-
lande, copié vers la fin du quatorzième siècle sur un manuscrit plus ancien, et
publié en 1844 dans cette même ville, distingue aussi les deux saints Denis. Il

dit au 3, que le premier souffrit sous Adrien, sans marquer dans quelle ville; et au 9, que l'autre, envoyé par saint Clément, fut martyrisé à Paris, avec saint Eleuthère, Prêtre, et saint Rustique, Diacre.

Chastelain, *Martyrol. univ.* au 9 Oct. *note*, dit que le nom de S. Clément n'est pas dans les anciens Martyrologes. Voyez *Vetus Martyrologium Romanum*, publié par le P. Rosweyde; Anvers, 1613, in-fol. et celui d'Usuard, publié par D. Bouillard; Paris, 1718, in-4°.

NOTE (44) *pag.* 39. Claude Chastelain, né à Paris, avait des connaissances fort étendues en toutes sortes de sciences. Il possédait à fond la liturgie, le chant, les rites et les cérémonies de l'Eglise. Dans les voyages qu'il fit en Italie, en France et en Allemagne, il étudia les usages particuliers de chaque Eglise. Sous M. de Harlay il fit partie de la commission chargée de la correction du Bréviaire et des autres livres. L'abbé Chastelain composa en grande partie le chant, et plusieurs Evêques le prièrent de revoir les livres de leurs diocèses. M. de Noailles lui donna aussi sa confiance, et il eut grande part à la rédaction du Cérémonial. Il mourut en 1712, âgé de soixante-treize ans. On a de lui une traduction du Martyrologe Romain, avec des additions et des notes; les mois de janvier et de février sont les seuls qui aient paru. Mais il donna ensuite un *Martyrologe universel*; Paris, 1709, un vol. in-4°. Il a laissé un *Journal* de sa vie, où il rapporte grand nombre d'événements curieux arrivés de son temps. Ce Journal ayant péri dans le pillage de l'Archevêché en 1831, on trouvera bon que je consigne ici quelques faits que j'en ai recueillis, et qui ont du rapport avec cette *Notice*.

I. En 1685, un homme tira son épée dans l'église de Notre-Dame, s'approcha d'un Prêtre qui disait la Messe à l'autel de la sainte Vierge, et le perça de plusieurs coups. Le Prêtre tombe nageant dans son sang. Aussitôt tout le monde s'émeut, et poursuit l'assassin qui s'enfuyait: mais comme il brandissait son épée, on n'osait l'approcher. Il avait déjà gagné le parvis, lorsqu'un laquais s'avisa de tirer son habit, et de le lui jeter entre les jambes, ce qui le fit tomber à plat ventre. Ainsi on put se saisir de lui, on le mena au Parlement, où il fut jugé, séance tenante, et condamné au dernier supplice. Un fanatisme d'impiété l'avait porté à cet attentat, et il ne se reconnut point. Le Prêtre ayant été porté à l'Hôtel-Dieu, fut pansé, et guérit de ses blessures. Cependant, on acheva les Messes commencées; on transporta le très-saint Sacrement dans une des églises attenantes, et on ferma les portes. Le lendemain, M. l'Archevêque vint réconcilier l'église avec un grand appareil, et les fidèles s'y portèrent en foule pour réparer le sacrilège.

II. M. de Noailles, nommé à l'Archevêché de Paris, ayant reçu ses Bulles, fit dire au Chapitre qu'il irait prendre possession le 10 novembre 1695. On lui fit répondre qu'on était prêt à le recevoir; mais que, s'il n'avait pas reçu le *pallium* auparavant, la croix archiépiscopale ne paraîtrait pas. Le Prélat, qui avait dessein de se faire imposer le *pallium* avec solennité dans son église, changea d'avis, alla le matin de ce jour, dans l'église des Dominicains de la rue Saint-Jacques, où il le reçut de l'Evêque de Chartres. A dix heures, il vint au Chapitre; on lut ses Bulles, ensuite le Doyen le conduisit à l'église et le mit en possession. Quand la Bulle adressée au peuple eut été lue, on entonna le *Te Deum*, et la croix fut apportée.

III. Le 1er mai 1696, le même Prélat sacra son frère Gaston de Noailles, nommé pour lui succéder sur le siége de Châlons. La cérémonie se fit avec un appareil magnifique, dans la nef de l'église métropolitaine en avant du chœur. On avait emprunté, dans toutes les communautés, les plus riches ornements brodés qui s'y trouvaient; et au moment de l'Evangile, il y avait quarante à cinquante ministres en fonctions revêtus de ces ornements. Beaucoup d'Evêques honorèrent aussi de leur présence cette consécration; ce qui contribua à donner un grand éclat à la cérémonie.

Note (45) *pag*. 39. Le *Synodicon* fut réimprimé en 1777, sous M. de Beaumont. Les Statuts du synode de 1674 n'y sont pas : c'est un oubli de l'éditeur. Au reste, ils ont été depuis renouvelés plusieurs fois; et la plupart sont conservés dans le Rituel, pag. 743 et suiv.

Note (46) *pag*. 40. François Vivant, né à Paris, d'abord Curé de Saint-Leu, puis Pénitencier, Chanoine, et Chantre de Notre-Dame, travailla avec Chastelain, au Bréviaire et au Missel. Il composa des Hymnes; et les Proses nouvelles, insérées dans le Missel en 1706, sont de lui. Il est mort en 1739, à soixante-dix-sept ans.

Note (47) *pag*. 40. On s'étonne de l'ardeur qu'on mit en plusieurs diocèses de France, surtout pendant la première moitié du dix-huitième siècle, à réformer les Bréviaires ; mais il paraît qu'on y songeait aussi à Rome. M. Gabriel de Choiseul-Beaupré, Évêque de Mende, dans le Mandement qui est à la tête du Bréviaire de ce diocèse, en 1764, rapporte que Benoît XIV a souvent témoigné le désir qu'il avait de rédiger un nouveau Bréviaire, pour le rendre commun à toutes les Eglises.

Note (48) *pag*. 41. En 1836, une courte notice sur la plupart des auteurs de ces Hymnes fut insérée dans le Bréviaire, à la suite des Rubriques. L'auteur des nouvelles est Charles Coffin, né à Buzancy, diocèse de Reims, en 1676, bien connu pour ses talents poétiques, et pour son bon goût. Dans les attaques livrées au Bréviaire, la critique s'est exercée en particulier sur deux de ses Hymnes(*a*); celle de la Pentecôte à Matines, où on lit ce vers, *Heu mens nostra, Deus, te sine nil potest!* qui rend presque mot pour mot la parole de Notre-Seigneur : *Sine me nihil potestis facere,* et ce canon du second concile d'Orange: *Nemo habet de suo, nisi mendacium et peccatum.* L'autre est l'Hymne de la Chaire de saint Pierre aux I Vêpres, où le critique voit dans les deux premiers vers de la troisième strophe, au moins un sens équivoque, si ce n'est même la grâce nécessitante. La préoccupation l'a sans doute rendu inattentif aux deux premières strophes; et de là son accusation. En effet, le poète, après avoir montré que Dieu, pour fonder son Eglise n'a choisi ni les puissants, ni les riches, ni des hommes illustrés par leurs aïeux, en vient à saint Pierre qu'il lui destine pour fondement :

> Petro divitiæ cymba, labor mare;
> Gentes innumeras hic subigit tamen :
> Et qui navigium piscibus antea
> Orbem Christiadis replet.

Cette deuxième strophe l'amène naturellement à dire que Dieu, qui peut tout, fait aussi tout ce qu'il veut, et se sert des plus faibles instruments pour arriver à ses fins :

> Tu nullius opis scilicet indigus,

(*a*) Ire *Lettre* sur le Bréviaire, pag. 6 ; et IIIe *Lettre*, pag. 9.

> Unus cuncta potens vis simul et facis :
> Uti debilibus te juvat, infimis
> Gaudes ardua vincere.

C'est au lecteur à juger s'il y a dans ce texte la moindre tendance à l'erreur qu'on veut y découvrir. On sait d'ailleurs que la matière et l'idée principale des Hymnes étaient fournies à Coffin par un Bénéficier de Notre-Dame, choisi sans doute par la commission du Bréviaire. Au reste, je n'ai garde d'entreprendre sa justification ; mais on peut croire que M. de Vintimille a pu mettre à profit les talents de ce poëte, comme Bossuet, en son temps, s'était servi des talents de Nicole et de ses amis pour la défense de l'Eglise.

Note (49) *pag.* 41. M. Picot, dans un article du 17 janvier 1821, donne un résumé de ce qui s'est fait à Paris, au sujet du Bréviaire, depuis M. de Harlay jusqu'à l'époque où il écrivait, avec une liste des diocèses qui l'ont adopté depuis 1736 ; il faut ajouter à cette liste le diocèse de Lausanne en Suisse. Voyez *l'Ami de la Religion*, tom. xxvi, pag. 289 et suiv.

Note (50) *pag.* 41. François-Nicolas Viger, né à Paris, entra à l'Oratoire en 1697 ; il fut nommé assistant de sa Congrégation en 1746, et bientôt après supérieur du séminaire de Saint-Magloire, où il mourut au mois d'octobre 1752. Il avait composé le Martyrologe publié en 1727, et rédigea le Bréviaire à peu près seul. (Voyez la note 51.) « C'était un homme instruit, dit M. Picot ; (art. cité) il » avait pris le parti de la soumission dans les disputes qui agitèrent l'Eglise de » son temps ; « et, ajoute-t-il, les Lettres de ce Père justifient le Bréviaire des attaques qu'on lui livra. La plupart des écrivains l'appellent à tort *Vigier* ; ses Lettres signées, et les Almanachs du temps donnent son vrai nom.

M. Picot dit que M. de Vintimille « paraît avoir laissé en grande partie la di» rection du travail du Bréviaire à l'abbé d'Harcourt. » On voit qu'il parle en hésitant ; et en effet l'abbé Reverdy, contemporain, (voyez pag. 40) nomme d'autres personnes comme ayant eu part à la révision du travail. Le même écrivain, parlant des cartons mis au Bréviaire, a suivi bonnement les *Nouvelles Ecciésiastiques*, recueil dicté par la passion, et autorité bien peu sûre. Quelques observations suffisent pour détruire l'échafaudage bâti par cette Gazette.

Les endroits cartonnés, sont 1° le Canon de Prime du Mardi de la IVᵉ semaine de Carême, tiré du troisième concile de Tolède en 589 ; il y est dit : « qu'après » avoir accompli le temps de la satisfaction, celui qui se repent de son péché » sera rétabli à la communion, selon que le Prêtre le jugera à propos. » Evidemment il s'agit ici de la pénitence publique ; et ce Canon ne favorise en rien les principes des Jansénistes sur le délai de l'absolution. On l'a remplacé par un canon tiré des Règles de l'Eglise de Milan, sous saint Charles. 2° L'Homélie de saint Chrysostôme, à la fête de saint Jacques, 25 juillet, à laquelle on a substitué une autre homélie du même Père. 3° La légende de S. Léon Pape, au 10 novembre, où l'on a rétabli une dizaine de lignes, supprimées à tort, dans lesquelles il est rapporté que le saint Pontife avait exigé des Pélagiens, outre la condamnation formelle des auteurs de leur hérésie, une souscription de leur propre main à tous les décrets qui les avaient anathématisés. 4° L'Hymne *Ave, maris Stella*, rétablie comme elle était dans les Bréviaires précédents.

En comparant le reste de ces cartons avec le texte qui les a remplacés, je n'y ai trouvé autre chose, que des mots ou supprimés ou ajoutés dans des Antiennes, Répons, Oraisons, Canons ; des fautes d'impression, transpositions de lignes, ou fausses indications, corrigées ; des rubriques éclaircies; des omissions réparées. Un exemple montrera le but de ces corrections. Le Canon du Samedi de la VIe semaine après l'Epiphanie, tiré d'un concile de Poitiers de 1078, commençait par ces mots: *Filii Presbyterorum et ceteri non legitimè nati.* Pour ne pas donner l'idée que des Prêtres eussent autrefois contracté des mariages, bien qu'illicites et notoirement nuls, on a retranché les premiers mots, et on a mis simplement : *Qui non sunt legitimè nati.* Les autres corrections sont du même genre. J'ai tous ces cartons, au nombre de cent environ, reliés en un volume par les soins d'un Prêtre dont le nom est en tête du livre: ainsi j'en puis parler pertinemment.

Mais, quand même le P. Viger, dans sa seconde Lettre en réponse au critique, n'affirmerait pas que les endroits attaqués avaient été la plupart cartonnés avant qu'il s'élevât aucune réclamation, il est facile de montrer que la chose est ainsi. La première édition du Bréviaire ne fut, pour ainsi parler, qu'un essai. Les compositeurs du chant, les traducteurs des livres destinés aux fidèles, devaient avoir d'avance un texte correct. Et quel moyen de le leur donner, qu'en l'imprimant ? Sans cela, il eût fallu une copie pour chaque personne, outre celle qu'on mettait entre les mains de l'imprimeur. On prit donc le parti d'imprimer le Bréviaire, et il n'est pas douteux qu'il était achevé dès 1733, puisqu'à la fin de 1734, comme on le verra bientôt, le chant était composé, et les dispositions préalables à l'impression des livres étaient accomplies.

On conçoit facilement que ceux à qui le Bréviaire fut remis pour leurs travaux, l'aient communiqué à d'autres personnes; que M. de Vintimille en ait lui-même donné des exemplaires à des Chanoines et des gens habiles, afin d'avoir leur avis. Il est naturel de penser, que les membres de la commission auront fait, en lisant l'imprimé, des remarques sur des endroits qui ne les avaient pas frappés auparavant. Des observations furent alors présentées au Prélat, et il se détermina à faire dresser des cartons pour corriger ce qu'on jugeait défectueux. Ces cartons étaient certainement imprimés, quand on s'occupa du chant; car on ne voit pas qu'on ait rien changé dans l'Antiphonaire et dans le Psautier du chœur; livres dans lesquels il n'y a aucun vestige de cartons, quoiqu'il s'en trouve dans le Bréviaire, pour des Répons, pour l'*Ave maris Stella*, etc.

Pierre Simon, imprimeur de M. l'Archevêque, obtint, le 31 décembre 1734, un privilége de vingt-cinq ans pour l'impression des livres à l'usage de Paris. Dès le 5 janvier suivant il associa à son entreprise plusieurs de ses confrères, entre autres Coignard et Hérissant, imprimeurs renommés à cette époque; et tous tinrent à honneur de procurer la bonne et prompte exécution de ces livres. Simon imprima deux éditions du Bréviaire: l'in-4° en noir et rouge ; l'in-12 en noir seulement; et il n'y a aucun carton dans l'une ni dans l'autre. Coignard exécuta l'Antiphonaire en trois énormes volumes in-fol. et le Diurnal in-18, dont il fit deux tirages, l'un noir et rouge, et l'autre noir. Il fallut faire encore des abrégés de l'Antiphonaire pour les églises de la campagne; imprimer en six vol. in-12 l'Antiphonaire manuel pour les Bénéficiers et les Chantres. Point de traces de cartons dans ces livres. Toutes les paroisses au nombre de 479, les collégiales, les chapelles d'hôpitaux, de colléges, etc. devaient être pourvues au Dimanche de la Trinité 1736, jour auquel, d'après un Mandement du 17 mai, on était tenu de se servir du Bréviaire et des livres correspondants. Les imprimeurs n'avaient point alors les moyens de prompte exécution que nous possédons aujourd'hui ; force leur fut donc de déployer la plus grande activité, pour fournir à tant d'établissements et de personnes les livres non-seulement imprimés, mais reliés ; et cela à peu près au bout d'une année. Le Mandement mis à la tête du Bréviaire est du 3 décembre 1735. C'est la dernière chose que l'on imprime ; et aussitôt, c'est-à-dire, dans les premiers mois de 1736, le livre fut entre les mains du public. Si alors s'élevèrent les premières réclamations, comme le veulent les critiques, qu'ils nous expliquent comment en deux ou trois mois, on a pu réimprimer deux éditions du Bréviaire, un Diurnal, etc. C'est pourtant, selon eux, ce que l'on a dû faire.

Mais non ; la première Lettre critique est datée du 25 mars 1736 ; il a fallu le temps de la composer. Le Bréviaire était donc divulgué avant le mois de mars. Les exemplaires vendus alors furent ceux de la première édition, auxquels on avait mis les cartons. Les libraires tenaient à s'en débarrasser, parce que cette édition, faite sur manuscrit en bonne partie, est fort incorrecte. Outre les cartons, par lesquels on a fait disparaître les fautes et discordances qui pouvaient embarrasser dans la récitation, il y a une page d'*Errata* à chaque volume ; et toutes les fautes n'y sont pas notées. Le Prêtre dont j'ai parlé, qui a réuni les cartons, y a ajouté à la main un *Errata* beaucoup plus ample ; et ces fautes furent corrigées dans les deux éditions suivantes, in-4° et in-12. Ainsi le P. Viger a eu raison d'affirmer qu'on avait d'avance fait droit aux critiques.

On a encore blâmé le Bréviaire de Paris, et ceux qui furent rédigés vers la même époque, d'avoir changé la distribution du Psautier. Mais quand l'ancienne division fut faite, il y avait très-peu de fêtes ; on ne lisait que quelques Leçons de l'Ecriture, très-courtes, même dans le moyen âge. Lorsqu'on introduisit grand nombre de Saints dans le calendrier, on statua en même temps qu'on ne dirait que neuf Psaumes à leurs Matines, et on abrégea les Laudes, etc. pour ne pas accabler les Prêtres obligés de chanter l'Office. On ne fit, au dix-huitième siècle, qu'étendre à tous les jours de la semaine ce qui se faisait aux fêtes des Saints. Et aujourd'hui, n'est-ce pas pour la même raison, que le saint-siége permet aux Missionnaires de réduire le nombre des Psaumes aux Matines du Dimanche, et que les Evêques des diocèses où le Bréviaire Romain est en usage demandent la même faveur ? (Voyez la note (9) ci-dessus.)

Note (51) *pag.* 41. François-Philippe Mesenguy, né à Beauvais en 1677, mort en 1763, fut chargé de presque tout le travail du Missel. Dans un *Mémoire* sur sa vie, placé à la tête du Catalogue de sa bibliothèque, on dit qu'il eut peu de part à la première édition du Bréviaire, mais qu'il fut chargé de revoir la seconde publiée avec des améliorations, en 1745. Il rédigea aussi le Processionnal, dont il composa même le chant. Le Missel ne paraît pas avoir essuyé de critiques. M. l'Archevêque de Toulouse, dans son *Examen* de la Défense de D. G. (*pag.* 78), cite les paroles d'un Evêque, qui lui écrit que le célèbre théologien Muzzarelli, exilé en France par Napoléon, à cause de son attachement au saint-siége, lui *avouait qu'il se servait avec délices du Missel de Paris.* Le Cardinal Dugnani, exilé à la même époque dans la capitale, assistant à la Messe dans une chapelle le jour de saint Barnabé, fut si touché de la Postcommunion de la Messe de ce Saint, qu'il voulut la faire copier pour la conserver.

Note (52) *pag.* 42. Le principal compositeur du chant fut Jean Lebeuf, né à

Auxerre en 1687, et mort à Paris en 1763. Passionné dès son jeune âge pour les antiquités ecclésiastiques, il avait étudié à fond le chant Grégorien et la musique ancienne. Il débuta, à peine âgé de vingt-quatre ans, par la composition de l'Antiphonaire de Lisieux, qui fut reçu par l'Evêque et le Chapitre en 1711. Laborieux écrivain, il a donné l'*Histoire du Diocèse de Paris*, en quinze volumes in-12; cinq autres volumes de Dissertations et Ecrits divers sur l'Histoire ecclésiastique et civile de cette capitale, et sur divers points de l'Histoire de France; outre un grand nombre de dissertations insérées dans des Journaux, et dans les *Mémoires de l'Académie des Inscriptions*, dont il était membre. Dulaure et autres, qui de nos jours ont écrit sur l'histoire de Paris, ont puisé dans ses ouvrages l'érudition qu'ils étalent dans leurs livres, sans faire mention de celui qui la leur a fournie. Lebeuf composa l'Antiphonaire entier; mais il n'a fait qu'une partie du Graduel, parce qu'on voulut conserver beaucoup des anciennes pièces, dont les paroles étaient restées dans le Missel. Il parle de ses études et de ses travaux dans son *Traité historique et pratique sur le Chant ecclésiastique*, qui parut en 1741, in-8°.

On peut voir dans ce même livre (*pag.* 122 *et suiv.*) les Epîtres et autres pièces *farcies* qu'on chantait à l'église dans le treizième siècle. Comme elles ne sont dans aucun livre imprimé pour le chœur, je n'en ai pas fait mention.

Note (53) *pag.* 42. Ce Prélat publia, en 1786, un *Pastorale Parisiense* 3 vol. in-4°, dont le dernier contient le Rituel; mais ce livre essuya des contradictions. D'un côté, des magistrats jansénistes voulaient qu'on en arrêtât la vente; d'autre part, le Clergé répugnait à s'en servir, parce qu'on avait changé les prières de l'administration des Sacrements, les Oraisons des Bénédictions, la formule du Prône, etc. Il resta donc comme non avenu.

Note (54) *pag.* 43. Venantius Honorius Clementianus Fortunatus, vint d'Italie en France, où il fut Evêque de Poitiers. C'était le poète le plus distingué de son temps. On a onze livres de ses poésies, outre la Vie de S. Martin en quatre livres; et quelques autres Vies de Saints écrites en prose. Parmi ses poèmes on distingue dans le livre 1er les Hymnes de la Passion *Vexilla Regis*, et *Pange lingua gloriosi prælium certaminis*; celle qu'on chante le Jeudi saint *O Redemptor sume carmen*, en l'honneur du saint chrême; une de saint Denis, où il autorise la tradition que ce saint Apôtre fut envoyé par saint Clément Pape. La 13e pièce du livre ii est un éloge du Clergé de Paris, et surtout de son Evêque saint Germain, dont il loue la foi, la piété, la sollicitude pastorale. Dans la 14e il célèbre la magnificence de la basilique de Sainte-Croix, qu'il élève au-dessus du temple de Salomon; le zèle et la libéralité du roi Childebert fondateur de cette église, qui est aujourd'hui Saint-Germain-des-Prés. La 10e du liv. x, est l'expression de sa constante amitié pour Ragnemode, successeur de saint Germain, et un remercîment au nom de sainte Radegonde, d'un présent que ce Prélat lui avait fait. Dans la 11e, après un éloge de l'abbé Droctovée, disciple de saint Germain et son fidèle imitateur, il se recommande aux prières du saint Abbé. Voici quelques traits de la pièce sur le Clergé de Paris :

> In medio Germanus adest Antistes honore
> Qui regit hinc juvenes, subrigit inde senes.
> Levitæ præcunt, sequitur gravis ordo ducatum ;
> Hos gradiendo movet, hos moderando trahit.

Ipse tamen sensim incedit, velut alter Aaron,
  Non de veste nitens, sed pietate placens.
Non lapides, coccus cidarim, aurum, purpura, byssus,
  Exornant humeros, sed micat alma fides...
Sollicitus quemquam ne devoret ira luporum,
  Colligit ad caulas pastor opimus oves.
Assiduis monitis ad pascua salsa vocatus,
  Grex vocem agnoscens, currit amore sequax...
Pervigiles noctes ad prima crepuscula jungens,
  Construit angelicos turba verenda choros.
Gressibus exertis in opus venerabile constans,
  Vim factura polo, cantibus arma movet...
Hinc puer exiguis attemperat organa cannis,
  Inde senex largam ructat ab ore tubam.
Cymbalicæ voces calamis miscentur acutis,
  Disparibusque tropis fistula dulce sonat.
Tympana rauca senum puerilis tibia mulcet,
  Atque hominum reparant verba canora lyram.
Leniter iste trahit modulos, rapit alacer ille,
  Sexus et ætatis sic variatur opus...
Pontificis monitis Clerus, plebs psallit, et infans,
  Unde labore brevi fruge replendus erit.

Fortunat mourut au commencement du septième siècle. Voyez Longueval, *Hist. de l'Egl. Gallicane*, liv. vii, au 568 et suiv.— Godescard, *Vies des Pères*; 1er novembr. *Vie de S. Marcel*, note.

Note (55) *pag.* 44. Le P. Le Brun, dans son *Explication de la Messe*, tom. Ier, vie part. art. iv, s'étend au long sur cette bénédiction, et sur les diverses manières dont on la donne.

Note (56) *pag.* 51. Cette église fut détruite dans le douzième siècle, pour bâtir la cathédrale actuelle, commencée vers 1163 par l'Evêque Maurice de Sully, et dont le Pape Alexandre III posa la première pierre cette même année. Sonnet se trompe en disant que ces reliques venaient de l'église de Saint-Etienne-des-Grès. Voyez la Leçon iv du Bréviaire au 3 août ; et Lebeuf, *Hist. de Paris*, tom. I, pag. 6, 8, 9 et suiv. et 224.

Note (57) *pag.* 53. Les Prêtres, depuis ce temps-là, ont laissé les orfèvres exécuter les calices à leur fantaisie ; et ceux-ci ont cherché à plaire aux yeux par la forme extérieure, sans s'embarrasser de la commodité. On voit beaucoup de calices dont la coupe est à la fois étroite et profonde, de manière qu'on peut à peine y enfoncer les doigts avec le purificatoire pour les essuyer. Aussi recherche-t-on maintenant les calices de forme antique, et on en fait sur ce modèle.

Note (58) *pag.* 53. Il est donc contraire aux règles, de broder une croix rouge ou bleue au milieu des pales, comme on le fait souvent. Un autre usage, qui ne remonte guère qu'à la fin du dix-septième siècle, est de couvrir le carton destiné à soutenir la pale, au lieu de linge, d'une étoffe d'or, d'argent ou de soie, avec des broderies plus ou moins riches, quand elle doit être jointe à un ornement précieux.

Mais par suite de cette coutume, les fabricants d'ornements d'église se sont ima-
giné qu'une pale couverte d'une étoffe pareille au reste, était dans les ornements
communs un accessoire obligé, et vous n'en trouverez pas un aujourd'hui, qui
ne fournisse, avec l'ornement, une pale de cette façon. C'est un véritable abus,
qu'ont laissé introduire les Ecclésiastiques qui n'en savaient pas plus long. En
Italie, les pales se composent d'un double linge bien empesé, sans aucune bro-
derie. Lorsqu'en 1805 le Pape Pie VII était à Paris, un amateur, qui avait un
talent particulier pour exécuter à la plume des dessins d'un fini achevé, offrit au
Pontife, pour servir à une pale, un très-beau dessin de ce genre, qui représen-
tait des attributs du saint sacrifice. Le saint Père accueillit l'artiste avec béni-
gnité, et lui fit remettre un chapelet de prix ; mais il dit en même temps : Voilà
un bel ornement de cabinet.

Les Prêtres qui font faire des ornements devraient bien aussi en surveiller la
coupe et la forme ; car on en trouve qui sont tellement étriqués, que la chasuble
couvre à peine le dos et les épaules.

Note (59) pag. 53. En 1644, les paroissiens de Saint-Sulpice ornèrent leur
église de sept lampes magnifiques pour brûler devant les autels où reposait le
très-saint sacrement. *Vie de M. Olier*, Paris, 1841, I part. liv. III, tom. I,
pag. 496.

FIN.

PARIS. — IMPRIMERIE D'ADRIEN LE CLERE ET Cie,
RUE CASSETTE, N° 29, PRÈS SAINT-SULPICE.